興味の尽きることのない漢字学習

漢字文化圏の人々だけではなく、
世界中に日本語研究をしている人が数多くいます。
漢字かなまじり文は、独特の形を持ちながら
伝統ある日本文化を支え、
伝達と文化発展の基礎となってきました。
その根幹は漢字。
一字一字を調べていくと、
その奥深さに心打たれ、興味がわいてきます。
漢字は、生涯かけての
勉強の相手となるのではないでしょうか。

「漢検」級別 主な出題内容

10級 …対象漢字数 80字
漢字の読み／漢字の書取／筆順・画数

9級 …対象漢字数 240字
漢字の読み／漢字の書取／筆順・画数

8級 …対象漢字数 440字
漢字の読み／漢字の書取／部首・部首名／筆順・画数／送り仮名／対義語／同じ漢字の読み

7級 …対象漢字数 642字
漢字の読み／漢字の書取／部首・部首名／筆順・画数／送り仮名／対義語／同音異字／三字熟語

6級 …対象漢字数 835字
漢字の読み／漢字の書取／部首・部首名／筆順・画数／送り仮名／対義語・類義語／同音・同訓異字／三字熟語／熟語の構成

5級 …対象漢字数 1026字
漢字の読み／漢字の書取／部首・部首名／筆順・画数／送り仮名／対義語・類義語／同音・同訓異字／誤字訂正／四字熟語／熟語の構成

4級 …対象漢字数 1339字
漢字の読み／漢字の書取／部首・部首名／送り仮名／対義語・類義語／同音・同訓異字／誤字訂正／四字熟語／熟語の構成

3級 …対象漢字数 1623字
漢字の読み／漢字の書取／部首・部首名／送り仮名／対義語・類義語／同音・同訓異字／誤字訂正／四字熟語／熟語の構成

準2級 …対象漢字数 1951字
漢字の読み／漢字の書取／部首・部首名／送り仮名／対義語・類義語／同音・同訓異字／誤字訂正／四字熟語／熟語の構成

2級 …対象漢字数 2136字
漢字の読み／漢字の書取／部首・部首名／送り仮名／対義語・類義語／同音・同訓異字／誤字訂正／四字熟語／熟語の構成

準1級 …対象漢字数 約3000字
漢字の読み／漢字の書取／故事・諺／対義語・類義語／同音・同訓異字／誤字訂正／四字熟語

1級 …対象漢字数 約6000字
漢字の読み／漢字の書取／故事・諺／対義語・類義語／同音・同訓異字／誤字訂正／四字熟語

※ここに示したのは出題分野の一例です。毎回すべての分野から出題されるとは限りません。また、このほかの分野から出題されることもあります。

日本漢字能力検定採点基準 最終改定：平成25年4月1日

❶ 採点の対象
筆画を正しく、明確に書かれた字を採点の対象とし、くずした字や、乱雑に書かれた字は採点の対象外とする。

❷ 字種・字体
① 2〜10級の解答は、内閣告示「常用漢字表」（平成二十二年）による。ただし、旧字体での解答は正答とは認めない。
② 1級および準1級の解答は、『漢検要覧 1／準1級対応』（公益財団法人日本漢字能力検定協会発行）に示す「標準字体」「許容字体」「旧字体一覧表」による。

❸ 読み
① 2〜10級の解答は、内閣告示「常用漢字表」（平成二十二年）による。
② 1級および準1級の解答には、①の規定は適用しない。

❹ 仮名遣い
仮名遣いは、内閣告示「現代仮名遣い」による。

❺ 送り仮名
送り仮名は、内閣告示「送り仮名の付け方」による。

❻ 部首
部首は、『漢検要覧 2〜10級対応』（公益財団法人日本漢字能力検定協会発行）収録の「部首一覧表と部首別の常用漢字」による。

❼ 筆順
筆順の原則は、文部省編『筆順指導の手びき』（昭和三十三年）による。常用漢字一字一字の筆順は、『漢検要覧 2〜10級対応』収録の「常用漢字の筆順一覧」による。

❽ 合格基準

級	満点	合格
1級／準1級／2級	二〇〇点	八〇％程度
準2級／3級／4級／5級／6級／7級	二〇〇点	七〇％程度
8級／9級／10級	一五〇点	八〇％程度

※部首、筆順は「漢検 漢字学習ステップ」など公益財団法人日本漢字能力検定協会発行図書でも参照できます。

日本漢字能力検定審査基準

10級

程度　小学校第1学年の学習漢字を理解し、文や文章の中で使える。

領域・内容

《読むことと書くこと》　小学校学年別漢字配当表の第1学年の学習漢字を読み、書くことができる。

《筆順》　点画の長短、接し方や交わり方、筆順および総画数を理解している。

9級

程度　小学校第2学年までの学習漢字を理解し、文や文章の中で使える。

領域・内容

《読むことと書くこと》　小学校学年別漢字配当表の第2学年までの学習漢字を読み、書くことができる。

《筆順》　点画の長短、接し方や交わり方、筆順および総画数を理解している。

8級

程度　小学校第3学年までの学習漢字を理解し、文や文章の中で使える。

領域・内容

《読むことと書くこと》　小学校学年別漢字配当表の第3学年までの学習漢字を読み、書くことができる。

- 音読みと訓読みとを理解していること
- 送り仮名に注意して正しく書けること（食べる、楽しい、後ろ　など）
- 対義語の大体を理解していること（勝つ—負ける、重い—軽い　など）
- 同音異字を理解していること（反対、体育、期待、太陽　など）

《筆順》　筆順、総画数を正しく理解している。

《部首》　主な部首を理解している。

7級

程度　小学校第4学年までの学習漢字を理解し、文章の中で正しく使える。

領域・内容

《読むことと書くこと》　小学校学年別漢字配当表の第4学年までの学習漢字を読み、書くことができる。

- 音読みと訓読みとを正しく理解していること
- 送り仮名に注意して正しく書けること（等しい、短い、流れる　など）
- 熟語の構成を知っていること
- 対義語の大体を理解していること（入学—卒業、成功—失敗　など）
- 同音異字を理解していること（健康、高校、公共、外交　など）

《筆順》　筆順、総画数を正しく理解している。

《部首》　部首を理解している。

6級

程度　小学校第5学年までの学習漢字を理解し、文章の中で漢字が果たしている役割を知り、正しく使える。

領域・内容

《読むことと書くこと》　小学校学年別漢字配当表の第5学年までの学習漢字を読み、書くことができる。

・音読みと訓読みとを正しく理解していること
・送り仮名や仮名遣いに注意して正しく書けること（求める、失う　など）
・熟語の構成を知っていること（上下、絵画、大木、読書、不明　など）
・対義語、類義語の大体を理解していること（禁止―許可、平等―均等　など）
・同音・同訓異字を正しく理解していること

《筆順》　筆順、総画数を正しく理解している。

《部首》　部首を理解している。

5級

程度　小学校第6学年までの学習漢字を理解し、文章の中で漢字が果たしている役割に対する知識を身に付け、漢字を文章の中で適切に使える。

領域・内容

《読むことと書くこと》　小学校学年別漢字配当表の第6学年までの学習漢字を読み、書くことができる。

・音読みと訓読みとを正しく理解していること
・送り仮名や仮名遣いに注意して正しく書けること
・熟語の構成を知っていること
・対義語、類義語を正しく理解していること
・同音・同訓異字を正しく理解していること

《四字熟語》　四字熟語を正しく理解している（有名無実、郷土芸能　など）。

《筆順》　筆順、総画数を正しく理解している。

《部首》　部首を理解し、識別できる。

4級

程度　常用漢字のうち約1300字を理解し、文章の中で適切に使える。

領域・内容

《読むことと書くこと》　小学校学年別漢字配当表のすべての漢字と、その他の常用漢字約300字の読み書きを習得し、文章の中で適切に使える。

・音読みと訓読みとを正しく理解していること
・送り仮名や仮名遣いに注意して正しく書けること
・熟語の構成を正しく理解していること
・熟字訓、当て字を理解していること（小豆／あずき、土産／みやげ　など）
・対義語、類義語、同音・同訓異字を正しく理解していること

《四字熟語》　四字熟語を理解している。

《部首》　部首を識別し、漢字の構成と意味を理解している。

3級

程度　常用漢字のうち約1600字を理解し、文章の中で適切に使える。

領域・内容

《読むことと書くこと》　小学校学年別漢字配当表のすべての漢字と、その他の常用漢字約600字の読み書きを習得し、文章の中で適切に使える。

・音読みと訓読みとを正しく理解していること
・送り仮名や仮名遣いに注意して正しく書けること
・熟語の構成を正しく理解していること
・熟字訓、当て字を理解していること（乙女／おとめ、風邪／かぜ　など）
・対義語、類義語、同音・同訓異字を正しく理解していること

《四字熟語》　四字熟語を理解している。

《部首》　部首を識別し、漢字の構成と意味を理解している。

※常用漢字とは、平成22年（2010年）11月30日付内閣告示による「常用漢字表」に示された2136字をいう。

準2級

程度　常用漢字のうち1951字を理解し、文章の中で適切に使える。

領域・内容

《読むことと書くこと》　1951字の漢字の読み書きを習得し、文章の中で適切に使える。

- 音読みと訓読みとを正しく理解していること
- 送り仮名や仮名遣いに注意して正しく書けること
- 熟語の構成を正しく理解していること
- 熟字訓、当て字を理解していること（硫黄／いおう、相撲／すもう　など）
- 対義語、類義語、同音・同訓異字を正しく理解していること

《四字熟語》　典拠のある四字熟語を理解している（驚天動地、孤立無援　など）。

《部首》　部首を識別し、漢字の構成と意味を理解している。

※ 1951字とは、昭和56年（1981年）10月1日付内閣告示による旧「常用漢字表」の1945字から「勺」「錘」「銑」「脹」「匁」の5字を除いたものに、現行の「常用漢字表」のうち、「茨」「媛」「岡」「熊」「埼」「鹿」「栃」「奈」「梨」「阪」「阜」の11字を加えたものを指す。

2級

程度　すべての常用漢字を理解し、文章の中で適切に使える。

領域・内容

《読むことと書くこと》　すべての常用漢字の読み書きに習熟し、文章の中で適切に使える。

- 音読みと訓読みとを正しく理解していること
- 送り仮名や仮名遣いに注意して正しく書けること
- 熟語の構成を正しく理解していること
- 熟字訓、当て字を理解していること（海女／あま、玄人／くろうと　など）
- 対義語、類義語、同音・同訓異字などを正しく理解していること

《四字熟語》　典拠のある四字熟語を理解している（鶏口牛後、呉越同舟　など）。

《部首》　部首を識別し、漢字の構成と意味を理解している。

準1級

程度　常用漢字を含めて、約3000字の漢字の音・訓を理解し、文章の中で適切に使える。

領域・内容

《読むことと書くこと》　常用漢字の音・訓を含めて、約3000字の漢字の読み書きに慣れ、文章の中で適切に使える。

- 熟字訓、当て字を理解していること
- 対義語、類義語、同音・同訓異字などを理解していること
- 国字を理解していること（峠、凧、畠　など）
- 複数の漢字表記について理解していること（國―国、交叉―交差　など）

《四字熟語・故事・諺》　典拠のある四字熟語、故事成語・諺を正しく理解している。

《古典的文章》　古典的文章の中での漢字・漢語を理解している。

※ 約3000字の漢字は、JIS第一水準を目安とする。

1級

程度　常用漢字を含めて、約6000字の漢字の音・訓を理解し、文章の中で適切に使える。

領域・内容

《読むことと書くこと》　常用漢字の音・訓を含めて、約6000字の漢字の読み書きに慣れ、文章の中で適切に使える。

- 熟字訓、当て字を理解していること
- 対義語、類義語、同音・同訓異字などを理解していること
- 国字を理解していること（怺える、毟る　など）
- 地名・国名などの漢字表記（当て字の一種）を知っていること
- 複数の漢字表記について理解していること（鹽―塩、颱風―台風　など）

《四字熟語・故事・諺》　典拠のある四字熟語、故事成語・諺を正しく理解している。

《古典的文章》　古典的文章の中での漢字・漢語を理解している。

※ 約6000字の漢字は、JIS第一・第二水準を目安とする。

※常用漢字とは、平成22年（2010年）11月30日付内閣告示による「常用漢字表」に示された2136字をいう。

個人受検を申し込まれる皆さまへ

協会ホームページのご案内

検定に関する最新の情報（申込方法やお支払い方法など）は、公益財団法人　日本漢字能力検定協会ホームページ https://www.kanken.or.jp/ をご確認ください。

なお、下記の二次元コードから、ホームページへ簡単にアクセスできます。

受検規約について

受検を申し込まれる皆さまは、「日本漢字能力検定 受検規約（漢検ＰＢＴ）」の適用があることを同意のうえ、検定の申し込みをしてください。受検規約は協会のホームページでご確認いただけます。

1 受検級を決める

受検資格　制限はありません

実施級　1、準1、2、準2、3、4、5、6、7、8、9、10級

検定会場　全国主要都市約170か所に設置（実施地区は検定の回ごとに決定）

検定時間　ホームページにてご確認ください。

2 検定に申し込む

インターネットにてお申し込みください。

注意

①家族・友人と同じ会場での受検を希望する方は、検定料のお支払い完了後、申込締切日の2営業日後までに協会（お問い合わせフォーム）までお知らせください。

②障がいがあるなど、身体的・精神的な理由により、受検上の配慮を希望される方は、申込締切日までに協会（お問い合わせフォーム）までご相談ください（申込締切日以降のお申し出には対応できかねます）。

③申込締切日以降は、受検級・受検地を含む内容変更および取り消し・返金は、いかなる場合もできません。また、次回以降の振り替え、団体受検や漢検ＣＢＴへの変更もできません。

団体受検の申し込み

自分の学校や企業などの団体で志願者が一定以上集まると、団体単位で受検の申し込みができる「団体受検」という制度もあります。団体受検申込を扱っているかどうかは先生や人事関係の担当者に確認してください。

3 受検票が届く

受検票は検定日の約1週間前から順次お届けします。

注意

①1、準1、2、準2、3級の方は、後日届く受検票に顔写真（タテ4㎝×ヨコ3㎝、6か月以内に撮影、上半身、正面、帽子やマスクは外す）を貼り付け、会場に当日持参してください。（当日回収・返却不可）

②4級〜10級の方は、顔写真は不要です。

4 検定日当日

持ち物　受検票、鉛筆（HB、B、2Bの鉛筆またはシャープペンシル）、消しゴム
※ボールペン、万年筆などの使用は認められません。ルーペ持ち込み可。

注意

①会場への車での来場（送迎を含む）は、交通渋滞の原因や近隣の迷惑になりますので固くお断りします。
②検定開始時刻の15分前を目安に受検教室までお越しください。答案用紙の記入方法などを説明します。
③携帯電話やゲーム、電子辞書などは、電源を切り、かばんにしまってから入場してください。
④検定中は受検票を机の上に置いてください。
⑤答案用紙には、あらかじめ名前や生年月日などが印字されています。
⑥検定日の約5日後に漢検ホームページにて標準解答を公開します。

5 合否の通知

検定日の約40日後に、受検者全員に「検定結果通知」を郵送します。合格者には「合格証書」・「合格証明書」を同封します。
欠席者には検定問題と標準解答をお送りします。
受検票は検定結果が届くまで大切に保管してください。

進学・就職に有利！
合格者全員に合格証明書発行

大学・短大の推薦入試の提出書類に、また就職の際の履歴書に添付してあなたの漢字能力をアピールしてください。合格者全員に、合格証書と共に合格証明書を2枚、無償でお届けいたします。

合格証明書が追加で必要な場合は有償で再発行できます。

申請方法はホームページにてご確認ください。

お問い合わせ窓口

電話番号　フリーコール **0120-509-315**（無料）
（海外からはご利用いただけません。
ホームページよりメールでお問い合わせください。）

お問い合わせ時間　月～金　9時00分～17時00分
（祝日・お盆・年末年始を除く）
※公開会場検定日とその前日の土曜は開設
※検定日は9時00分～18時00分

メールフォーム　https://www.kanken.or.jp/kanken/contact/

「漢検」受検の際の注意点

【字の書き方】

問題の答えは楷書で大きくはっきり書きなさい。乱雑な字や続け字、また、行書体や草書体のようにくずした字は採点の対象とはしません。

特に漢字の書き取り問題では、答えの文字は教科書体をもとにして、はねるところ、とめるところなどもはっきり書きましょう。また、画数に注意して、一画一画を正しく、明確に書きなさい。

《例》

○熱　×熱

○言　×言

○糸　×糸

【字種・字体について】

(1)日本漢字能力検定2～10級においては、「常用漢字表」に示された字種で書きなさい。つまり、表外漢字（常用漢字表にない漢字）を用いると、正答とは認められません。

《例》

○交差点　×交叉点　**（「叉」が表外漢字）**

○寂しい　×淋しい　**（「淋」が表外漢字）**

(2)日本漢字能力検定2～10級においては、「常用漢字表」に示された字体で書きなさい。なお、「常用漢字表」に参考として示されている康熙《こうき》字典体など、旧字体と呼ばれているものを用いると、正答とは認められません。

《例》

○真　×眞　○渉　×涉

○飲　×飮　○迫　×迫

○弱　×弱

(3)一部例外として、平成22年告示「常用漢字表」で追加された字種で、許容字体として認められているものや、その筆写文字と印刷文字との差が習慣の相違に基づくとみなせるものは正答と認めます。

《例》

餌 ➡ 餌　と書いても可

遜 ➡ 遜　と書いても可

葛 ➡ 葛　と書いても可

溺 ➡ 溺　と書いても可

箸 ➡ 箸　と書いても可

注意

(3)において、どの漢字が当てはまるかなど、一字一字については、当協会発行図書（2級対応のもの）掲載の漢字表で確認してください。

公益財団法人 日本漢字能力検定協会

漢検

漢検 過去問題集

4級

漢検 公益財団法人 日本漢字能力検定協会

●本書に関するアンケート●

今後の出版事業に役立てたいと思いますので、アンケートにご協力ください。抽選《ちゅうせん》で粗品《そしな》をお送りします。

◆PC・スマートフォンの場合

下記 URL、または二次元コードから回答画面に進み、画面の指示に従ってお答えください。

https://www.kanken.or.jp/kanken/textbook/past.html

◆愛読者カード（ハガキ）の場合

本書挟《はさ》み込みのハガキに切手を貼《は》り、お送りください。

目次

この本の構成と使い方

この本は、2021・2022年度に実施《じっし》した日本漢字能力検定（漢検）4級の試験問題と、その標準解答を収録したものです。

さらに、受検のためのQ&A、答案用紙の実物大見本、合格者平均得点など、受検にあたって知っておきたい情報を収めました。

□「漢検」受検Q&A

検定当日の注意事項や、実際の答案記入にあたって注意していただきたいことをまとめました。

□試験問題（13回分）

2021・2022年度に実施した試験問題のうち13回分を収録しました。問題1回分は見開きで4ページです。

4級は200点満点、検定時間は60分です。時間配分に注意しながら、合格のめやすである70%程度正解を目標として取り組んでください。

□資料

「常用漢字表　付表」と「都道府県名」の一覧を掲載《けいさい》しました。

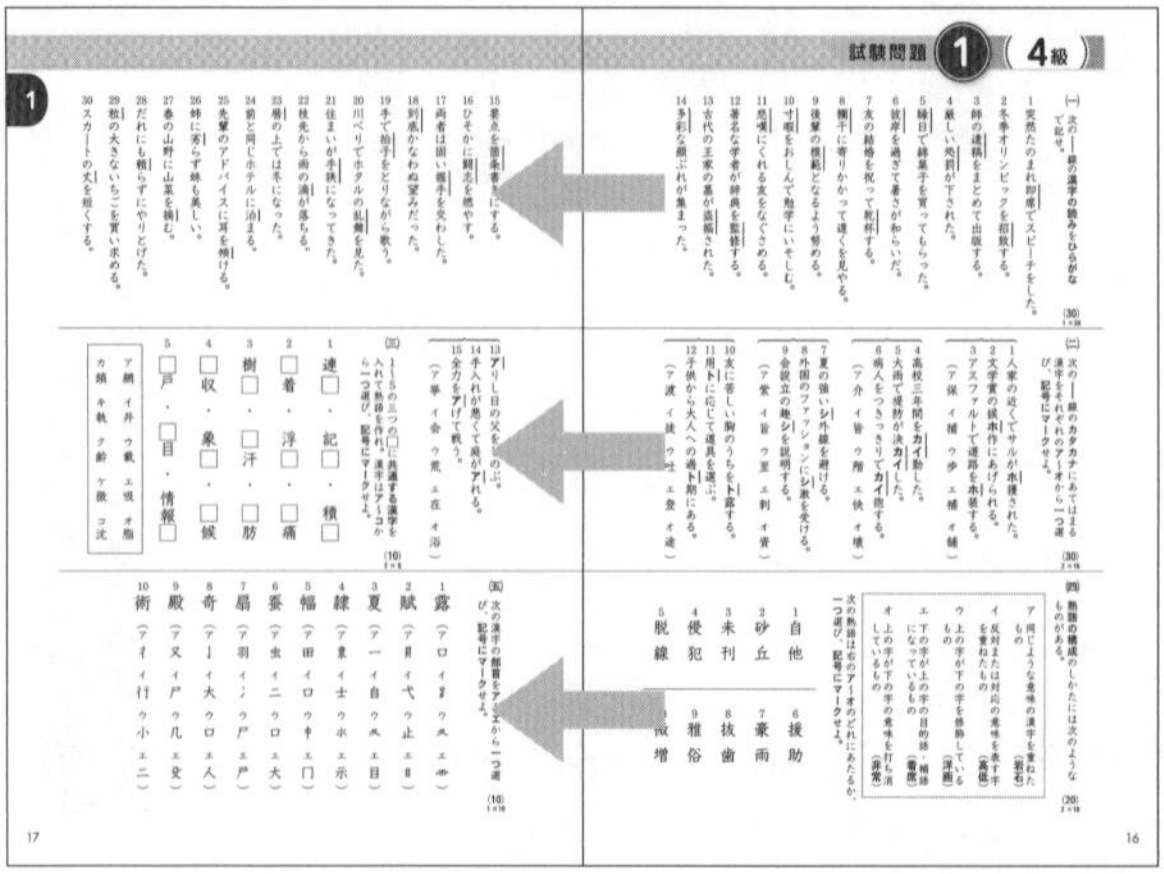

試験問題・標準解答は段ごとに右ページから左ページへ続けてご覧ください。

□答案用紙実物大見本

巻末には、検定で使う実物とほぼ同じ大きさ・用紙の答案用紙を収録。実際の解答形式に慣れることができます。問題は不許複製ですが、答案用紙実物大見本はコピーをしてお使いください。

また、日本漢字能力検定協会ホームページからもダウンロードできます。
https://www.kanken.or.jp/kanken/textbook/past.html

□別冊・標準解答

各問題の標準解答は、別冊にまとめました。1回分は見開きで2ページです。

また、試験問題**1**～**11**の解答には、(一)(二)(三)……の大問ごとに合格者平均得点をつけました。難易のめやすとしてお役立てください。

□データでみる「漢検」

「漢検」受検者の年齢層別割合・設問項目別正答率を掲載しました。

●巻頭—カラー口絵
主な出題内容、採点基準、および審査《しんさ》基準などを掲載。

●付録—3級の試験問題・答案用紙・標準解答
3級の試験問題・答案用紙1回分を、4級の試験問題の後に収録（標準解答は別冊に収録）。

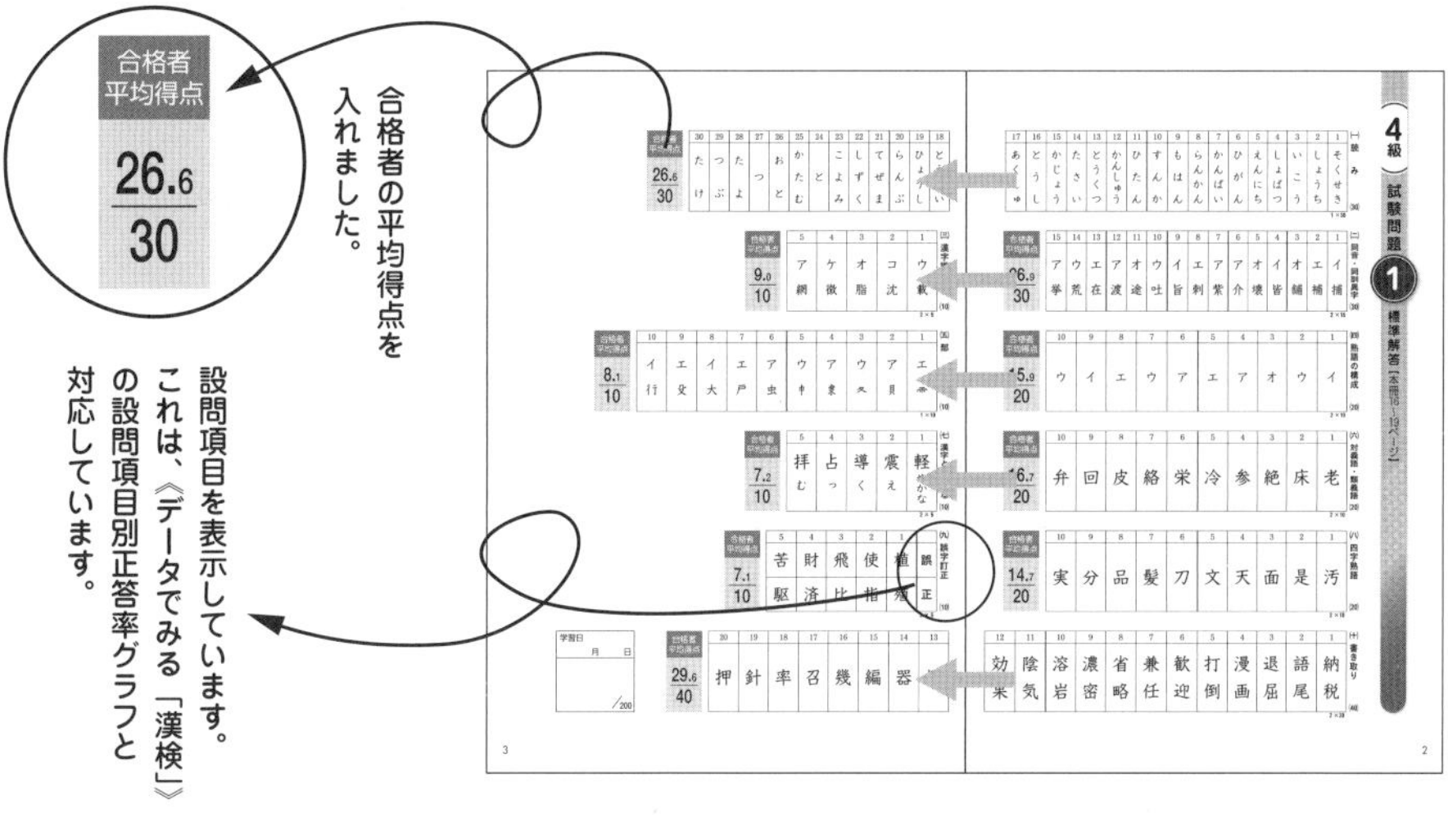
合格者平均得点
26.6
30
合格者の平均得点を入れました。
設問項目を表示しています。これは、《データでみる「漢検」》の設問項目別正答率グラフと対応しています。

「漢検」受検 Q＆A

●検定当日について

Q 検定当日の持ち物は？

A 鉛筆またはシャープペンシル（HB・B・2B）、消しゴム、受検票（公開会場の場合）を必ず持参してください。ボールペンや万年筆、こすって消せるペン（摩擦《まさつ》熱で無色になる特殊《とくしゅ》なインクを使ったペン）などの使用は認められません。

印刷されている文字が小さくて見えにくい方は、ルーペ（拡大鏡）を使ってもかまいません。

また、時間の確認のため、腕時計を持参してもかまいません。ただし、携帯《けいたい》電話を時計代わりに使うことはできません。検定会場内で携帯電話やその他電子機器を使用すると、不正行為とみなされ失格となります。

●答案について

Q 標準解答の見方は？

A 例

無粋
不粋

「無粋」「不粋」どちらでも正解とします。

ぶんぴ
ぶんぴつ

「ぶんぴ」「ぶんぴつ」どちらでも正解とします。

Q 標準解答に、複数の答えが示されている場合、そのすべてを答えないと正解にならないのか？

A 標準解答に、複数の答えが示されている場合、そのうちどれか一つが正しく書けていれば正解とします。すべてを書く必要はありません。

なお、答えを複数書いた場合、そのなかの一つでも間違っていれば不正解としますので、注意してください。

例 問題 次の――線の**漢字の読み**を**ひらがな**で記せ。

現在の地位に執着する。

標準解答
しゅうじゃく
しゅうちゃく

解答例
しゅうじゃく……○
しゅうちゃく……○
しゅうじゃく しゅうちゃく……○
しっちゃく しゅうちゃく……×

Q 答えを漢字で書く際に注意することは？

A 漢字は、楷書で丁寧に、解答欄内に大きくはっきりと書いてください。くずした字や乱雑な字などは採点の対象外とします（※）。教科書体を参考にして、はねるところ、とめるところなどもはっきり書きましょう。

特に、次に示す点に注意してください。

①画数を正しく書く

例

②字の骨組みを正しく書く

例

③突き出るところ、突き出ないところを正しく書く

例 車…○　車…×　降…○　降…×

角…○　角…×　重…○　重…×

④字の組み立てを正しく書く

例 潔…○　潔…×　落…○　落…×

染…○　染…×　薄…○　薄…×

⑤一画ずつ丁寧に書く

例 池…○　改→池…×　鳥…○　戦←鳥…×

改…○　改…×　戦…○　戦…×

⑥よく似た別の字（または字の一部分）と区別がつくように書く

例 土／士　未／末

壬／王　干／千

（※）採点の対象外とする字とは？

自分だけが読み取れれば良いメモなどとは違い、検定では誰が見ても正しく読み取れる字を書かなければ正解とはなりません。

くずした字や乱雑な字など、字体（文字の骨組み）が読み取れない字は採点の対象外とし、不正解とします。また、答案用紙は機械で読み取るため、機械が読み取らないほど薄い字も、採点の対象外です。

●採点の対象外とする字の例

・細部が潰れている字

例 優…○　優…×　曜…○　曜…×

輸…○　輸…×　厳…○　厳…×

・続け字

例 銀…○　銀…×　細…○　細…×

顔…○　顔…×　試…○　試…×

・小さい字（周りの四角は解答欄を表す）

例 確…○　悲…○　確…×　悲…×

・消したかどうかわからない部分がある字

例 暴…○　暴…×　垂…○　垂…×

休…○　休…×　専…○　専…×

・不要な部分がある字

例 危…○　危…×　水…○　水…×

属…○　属…×　糸…○　糸…×

Q 答えをひらがなで書く際に注意することは？

A 漢字を書くときと同様に、楷書で丁寧に書いてください。特に、次に示す点に注意してください。

①バランスがくずれると区別がつきにくくなる字は、区別がつくように丁寧に書く

例 い／り　か／や　く／し

て／へ　ゆ／わ　い／こ

②拗音《ようおん》「ゃ」「ゅ」「ょ」や促音《そくおん》「っ」は小さく右に寄せて書く

例 いしゃ…○　いしや…×

がっこう…○　がつこう…×

③濁点「゛」や半濁点「゜」をはっきり書く

例 が…○　が…×　が…×

ぱ…○　ぱ…×　ぱ…×

④一画ずつ丁寧に書く

例 な…○　な…×　ふ…○　ふ…×

う…○　う…×　も…○　も…×

Q 2〜10級の検定で、旧字体や「常用漢字表」に示されていない漢字（表外漢字）、歴史的仮名遣《かなづか》いを用いて答えてもよいか？

A 2〜10級の解答には、常用漢字および現代仮名遣いを用いてください。旧字体や表外漢字、歴史的仮名遣いを用いた解答は不正解とします。

また、「常用漢字表」に示されていない読み（表外読み）を用いた解答も不正解とします。

例1　問題　次の――線の**カタカナ**を**漢字**に直せ。

信号が**テンメツ**している。

解答例　点滅……………〇

點滅……………×　「點」が旧字体

例2　問題　次の――線の**漢字の読み**を**ひらがな**で記せ。

池にうっすらと氷がはる。

解答例　こおり……〇

こほり……×　「こほり」は歴史的仮名遣い

例3　問題　次の――線の**カタカナ**を**漢字**に直せ。

紙くずをごみ箱に**ス**てる。

解答例　捨…………〇

棄…………×　「棄」の訓読み「す(てる)」は表外読み

Q 「遡」を「遡」、「餅」を「餅」と書いてもよいか？

A 2〜10級の検定では、「常用漢字表」に示された字体を用いて答えなければなりません。ただし、例外として、平成22（2010）年告示「常用漢字表」で追加された漢字のうち、許容字体が併せて示されたものは正解とします。

「遡」や「餅」という字体はこの例外に当てはまりますので、正解となります。

Q 次の例ではどちらが正しい書き方か?

A

① 言「言」か「言」か
条「条」か「条」か
令「令」か「令」か

どちらの書き方でも正解とします。

こうした違いについては、「常用漢字表」の「(付)字体についての解説」に、「印刷文字と手書き文字におけるそれぞれの習慣の相違に基づく表現の差と見るべきもの」として例示されており、字体としては同じ（どちらで書いてもよい）とされています。

② 溺「溺」か「溺」か
頰「頰」か「頰」か
剝「剝」か「剝」か

どちらの書き方でも正解とします。

これらのように、印刷文字と手書き文字におけるそれぞれの習慣の相違に基づく表現の差が、字体（文字の骨組み）の違いに及ぶ場合もありますが、いわば例外的なものです。

Q 「比」「衣」「越」などは「レ」と書くのか「し」と書くのか?

A 「比」「衣」「越」などの「レ」の部分は、活字のデザインにおいて、一画で書く「し」の折れを強調したものです。

検定では、次に示す教科書体を手本にして、「し」のように一画で書いてください。

例

衣 越 猿 仰 氏 紙 長
底 展 農 比 民 裏 留

Q 解答方法で注意することは？

A 問題文をよく読んで答えましょう。答える部分や答え方など、問題文に指定がある場合は、必ずそれに従って答えてください。問題文の指定に合っていない答えは不正解とします。

特に、次に示す点に注意してください。

①「答えを一字書きなさい」と指定があれば「一字」のみ答える

例 問題 後の□内のひらがなを**漢字**に直して□に入れ、**四字熟語**を完成せよ。□内のひらがなは一度だけ使い、**答案用紙**に**一字記入**せよ。

新進気□　い・えい・えん・かん

解答例 鋭…………○
気鋭…………×
新進気鋭……×

②「ひらがなで書きなさい」と指定があれば「ひらがな」で答える

例 問題 次の——線の**カタカナ**を**漢字一字と送りがな（ひらがな）**に直せ。

交番で道を**タズネル**。

解答例 尋ねる……○ 尋ネル……×

③「算用数字で書きなさい」と指定があれば「算用数字」で答える

例 問題 次の漢字の**太い画**のところは**筆順の何画目**か、**算用数字**（1、2、3…）で答えなさい。

若

解答例 4…………○ 四…………×

④「——線の漢字の読みを書きなさい」と指定があれば「——線」部分のみ答える

例 問題 次の——線の**漢字の読み**を**ひらがな**で記せ。

駅の昇降口が混雑している。

解答例 しょうこう……○

しょうこうぐち……×

⑤「——線の右に書きなさい」と指定があれば「——線の右」に記入する

例 問題 つぎの——線の**漢字**の**読みがな**を——線の**右**に書きなさい。

ベランダの植木に水をやる。

解答例 ベランダの植木《うえき》に水をやる。……○

ベランダの植木《うえき》に水をやる。……×

試験問題	学 習 日	得　点
1	月　　日	点
2	月　　日	点
3	月　　日	点
4	月　　日	点
5	月　　日	点
6	月　　日	点
7	月　　日	点
8	月　　日	点
9	月　　日	点
10	月　　日	点
11	月　　日	点
12	月　　日	点
13	月　　日	点

4級 試験問題

試験問題 1 （4級）

(一) 次の――線の**漢字の読み**を**ひらがな**で記せ。 (30) 1×30

1 突然たのまれ即席でスピーチをした。
2 冬季オリンピックを招致する。
3 師の遺稿をまとめて出版する。
4 厳しい処罰が下された。
5 縁日で綿菓子を買ってもらった。
6 彼岸を過ぎて暑さが和らいだ。
7 友の結婚を祝って乾杯する。
8 欄干に寄りかかって遠くを見やる。
9 後輩の模範となるよう努める。
10 寸暇をおしんで勉学にいそしむ。
11 悲嘆にくれる友をなぐさめる。
12 著名な学者が辞典を監修する。
13 古代の王家の墓が盗掘された。
14 多彩な顔ぶれが集まった。

(二) 次の――線の**カタカナ**にあてはまる漢字をそれぞれの**ア～オ**から**一つ**選び、**記号にマーク**せよ。 (30) 2×15

1 人家の近くでサルが**ホ**獲された。
2 文学賞の候**ホ**作にあげられる。
3 アスファルトで道路を**ホ**装する。
（ア 保　イ 捕　ウ 歩　エ 補　オ 舗）

4 高校三年間を**カイ**勤した。
5 大雨で堤防が決**カイ**した。
6 病人をつきっきりで**カイ**抱する。
（ア 介　イ 皆　ウ 階　エ 快　オ 壊）

7 夏の強い**シ**外線を避ける。
8 外国のファッションに**シ**激を受ける。
9 会設立の趣**シ**を説明する。
（ア 紫　イ 旨　ウ 至　エ 刺　オ 資）

10 友に苦しい胸のうちを**ト**露する。
11 用**ト**に応じて道具を選ぶ。
12 子供から大人への過**ト**期にある。
（ア 渡　イ 徒　ウ 吐　エ 登　オ 途）

(四) **熟語の構成**のしかたには次のようなものがある。 (20) 2×10

ア 同じような意味の漢字を重ねたもの（**岩石**）
イ 反対または対応の意味を表す字を重ねたもの（**高低**）
ウ 上の字が下の字を修飾しているもの（**洋画**）
エ 下の字が上の字の目的語・補語になっているもの（**着席**）
オ 上の字が下の字の意味を打ち消しているもの（**非常**）

次の熟語は右の**ア～オ**のどれにあたるか、**一つ**選び、**記号にマーク**せよ。

1 自他
2 砂丘
3 未刊
4 侵犯
5 脱線
6 援助
7 豪雨
8 抜歯
9 雅俗
10 微増

15 要点を箇条書きにする。
16 ひそかに闘志を燃やす。
17 両者は固い握手を交わした。
18 到底かなわぬ望みだった。
19 手で拍子をとりながら歌う。
20 川べりでホタルの乱舞を見た。
21 住まいが手狭になってきた。
22 枝先から雨の滴が落ちる。
23 暦の上では冬になった。
24 前と同じホテルに泊まる。
25 先輩のアドバイスに耳を傾ける。
26 姉に劣らず妹も美しい。
27 春の山野に山菜を摘む。
28 だれにも頼らずにやりとげた。
29 粒の大きないちごを買い求める。
30 スカートの丈を短くする。

---

13 **ア**りし日の父をしのぶ。
14 手入れが悪くて庭が**ア**れる。
15 全力を**ア**げて戦う。
（ア 挙　イ 会　ウ 荒　エ 在　オ 浴）

(三) 1～5の三つの□に**共通する漢字**を入れて熟語を作れ。漢字は**ア～コ**から**一つ**選び、**記号にマーク**せよ。 (10) 2×5

1 連□・記□・積□
2 □着・浮□・□痛
3 樹□・□汗・□肪
4 □収・象□・□候
5 □戸・□目・情報□

ア 網	イ 井	ウ 載	エ 吸	オ 脂
カ 鎖	キ 執	ク 齢	ケ 徴	コ 沈

(五) 次の漢字の**部首**を**ア～エ**から**一つ**選び、**記号にマーク**せよ。 (10) 1×10

1 露（ア 口　イ 𧾷　ウ 夂　エ 雨）
2 賦（ア 貝　イ 弋　ウ 止　エ 目）
3 夏（ア 一　イ 自　ウ 夂　エ 目）
4 隷（ア 隶　イ 士　ウ 氺　エ 示）
5 幅（ア 田　イ 口　ウ 巾　エ 冂）
6 蚕（ア 虫　イ 二　ウ 口　エ 大）
7 扇（ア 羽　イ 冫　ウ 戸　エ 戸）
8 奇（ア 亅　イ 大　ウ 口　エ 人）
9 殿（ア 又　イ 尸　ウ 几　エ 殳）
10 術（ア 彳　イ 行　ウ 小　エ 二）

(六)

後の□内のひらがなを漢字に直して□に入れ、**対義語・類義語**を作れ。□内のひらがなは一度だけ使い、**答案用紙に一字記入**せよ。

(20)
2×10

対義語

1 幼年―□齢
2 就寝―起□
3 存続―断□
4 離脱―□加
5 熱烈―□静

類義語

6 名誉―□光
7 筋道―脈□
8 風刺―□肉
9 追憶―□想

(八)

文中の**四字熟語**の―線の**カタカナ**を**漢字**に直せ。**答案用紙に一字記入**せよ。

(20)
2×10

1 ようやく**オ名返上**の機会をえた。
2 **ゼ非善悪**をわきまえぬ行動にあきれる。
3 **人メン獣心**の悪党とののしられた。
4 **驚テン動地**の事件だった。
5 家財を**二束三モン**で売り払った。
6 **単トウ直入**に用件を切り出す。
7 **危機一パツ**で命拾いをした。
8 **ヒン行方正**な息子を自慢にする。
9 **思慮フン別**に欠ける言動だ。

(十)

次の―線の**カタカナ**を**漢字**に直せ。

(40)
2×20

1 期限内に**ノウゼイ**する。
2 **ゴビ**をはっきりと発音する。
3 **タイクツ**しのぎに街をぶらついた。
4 夢中になって**マンガ**を読む。
5 宿敵を**ダトウ**するため練習を重ねる。
6 視察団の訪問を**カンゲイ**する。
7 コーチと選手を**ケンニン**する。
8 時候のあいさつは**ショウリャク**した。
9 口に含むと**ノウミツ**な甘い味がした。
10 火口から**ヨウガン**が流れ出した。

10 釈明――□解

えい・かい・さん・しょう
ぜつ・ひ・べん・らく
れい・ろう

(七) 次の――線の**カタカナ**を**漢字一字**と**送りがな(ひらがな)**に直せ。 (10) 2×5

〈例〉 問題に**コタエル**。 答える

1 **カロヤカナ**身のこなしが目を引く。
2 怒りのあまり声が**フルエ**ていた。
3 母校を勝利に**ミチビク**。
4 二人の将来を**ウラナッ**てもらう。
5 山頂で日の出を**オガム**。

10 国際試合で**名ジツ**一体の活躍を見せた。
11 **インキ**な部屋で一人暮らしていた。
12 治療の**コウカ**が現れてきた。
13 **キワ**めて単純な考え方をする。
14 リーダーの**ウツワ**ではない。
15 白い毛糸で帽子を**ア**む。
16 読みたい本が**イク**らでもある。
17 どうぞ**メ**し上がってください。
18 大軍を**ヒキ**いて城を攻める。
19 **ハリ**の穴に糸を通す。
20 忘れないように念を**オ**す。

(九) 次の各文にまちがって使われている**同じ読みの漢字**が**一字**ある。**上に誤字**を、**下に正しい漢字**を記せ。 (10) 2×5

1 出世魚と呼ばれ、成長するに従って名称が変わるブリは養植が盛んだ。
2 災害時に備えて、市が使定する避難場所と安全な経路を確認しておく。
3 世界で市場が急速に拡大する人工知能の普及が日本は飛較的遅れている。
4 ブラジルで経財政策に失敗した政権への不満から抗議デモが相次いだ。
5 農作業や出荷の管理などに先端技術を苦使して生産性を向上させる。

▼解答は別冊2・3ページ

(一) 次の――線の**漢字の読み**を**ひらがな**で記せ。 (30) 1×30

1 調査のため南極で越冬する。
2 樹齢三百年の大木を見上げる。
3 扇に模様が丹念に描かれている。
4 問題の解決に知恵をしぼる。
5 同姓のよしみで交際し始めた。
6 ついに馬脚をあらわした。
7 ものものしい警戒態勢が敷かれた。
8 密林で珍獣に出くわした。
9 部長の顔に苦悩の色が浮かんだ。
10 質問されて即座に答えた。
11 端麗な顔立ちが人目を引く。
12 事実が誇張されて伝わった。
13 だれの仕業か皆目わからない。
14 寸暇をおしんで勉強する。

(二) 次の――線の**カタカナ**にあてはまる漢字をそれぞれの**ア〜オ**から**一つ**選び、**記号にマーク**せよ。 (30) 2×15

1 **キョ**額の寄付金が集まった。
2 河川敷のごみを除**キョ**する。
3 駅前を**キョ**点に販路を広げる。
（ア 拠　イ 去　ウ 巨　エ 挙　オ 距）

4 レントゲンで胃を**トウ**視する。
5 **トウ**作が疑われている。
6 今までのやり方を**トウ**襲する。
（ア 踏　イ 闘　ウ 盗　エ 倒　オ 透）

7 議場は**ソウ**然となった。
8 事故で工場の**ソウ**業が停止した。
9 寺で老**ソウ**の法話を聞いた。
（ア 奏　イ 僧　ウ 騒　エ 操　オ 総）

10 脂**ボウ**分の少ない牛乳を飲む。
11 総会は**ボウ**頭から波乱含みだった。
12 級友の書道の腕前に脱**ボウ**した。
（ア 坊　イ 帽　ウ 傍　エ 冒　オ 肪）

(四) **熟語の構成**のしかたには次のようなものがある。 (20) 2×10

ア 同じような意味の漢字を重ねたもの　（**岩石**）
イ 反対または対応の意味を表す字を重ねたもの　（**高低**）
ウ 上の字が下の字を修飾しているもの　（**洋画**）
エ 下の字が上の字の目的語・補語になっているもの　（**着席**）
オ 上の字が下の字の意味を打ち消しているもの　（**非常**）

次の熟語は右の**ア〜オ**のどれにあたるか、**一つ**選び、**記号にマーク**せよ。

1 送迎
2 離党
3 腐敗
4 因果
5 帰途

6 平凡
7 曇天
8 恐怖
9 未刊
10 起床

15 周囲から奇異の目で見られた。
16 二人は同じ結論に到達した。
17 誤差は微々たるものだった。
18 猛烈な勢いで犯人に体当たりした。
19 婚礼の日を待ち遠しく思う。
20 地震でビルの壁面がはがれ落ちた。
21 希望していた職に就いた。
22 背中に鈍い痛みを感じた。
23 弟の門出を家族皆で祝福する。
24 大雨に備えて堤を補強する。
25 柄にもなく神妙な顔つきだ。
26 向こう岸まで舟で渡る。
27 明日は在宅かどうか尋ねる。
28 兄の忠告に耳を傾ける。
29 スカートの丈を直した。
30 息子夫婦といっしょに暮らしている。

13 山できのこを**ト**る。
14 予約した宿に**ト**まる。
15 創作の筆を**ト**る。
（ア 富　イ 採　ウ 執　エ 泊　オ 跳）

(三) 1〜5の三つの□に**共通する漢字**を入れて熟語を作れ。漢字は**ア〜コ**から**一つ**選び、**記号にマーク**せよ。 (10) 2×5

1 □画・散□・□遊
2 □圧・被□・□丸
3 □力・敏□・□輪
4 民□・童□・□曲
5 繁□・利□・養□

ア 殖	イ 戯	ウ 茂	エ 弾	オ 漫
カ 腕	キ 謡	ク 衆	ケ 握	コ 威

(五) 次の漢字の**部首**を**ア〜エ**から**一つ**選び、**記号にマーク**せよ。 (10) 1×10

1 殿（ア 尸　イ 又　ウ 几　エ 殳）
2 至（ア 至　イ 土　ウ 厶　エ 一）
3 属（ア 冂　イ 尸　ウ 口　エ 虫）
4 額（ア 頁　イ 口　ウ 貝　エ 宀）
5 恋（ア 八　イ 丶　ウ 亠　エ 心）
6 罰（ア 刂　イ 亠　ウ 罒　エ 言）
7 腰（ア 覀　イ 月　ウ 女　エ 罒）
8 裁（ア 土　イ 弋　ウ 衣　エ 戈）
9 寝（ア 冫　イ 冖　ウ 又　エ 宀）
10 砲（ア 石　イ 己　ウ し　エ 勹）

（六）後の□内のひらがなを漢字に直して□に入れ、**対義語・類義語**を作れ。□内のひらがなは一度だけ使い、**答案用紙に一字記入**せよ。

(20) 2×10

対義語

1 歓声―□鳴
2 晩成―早□
3 相違―一□
4 複雑―単□
5 短縮―□長

類義語

6 皮肉―□刺
7 専有―独□
8 及第―合□
9 可否―□非

（八）文中の**四字熟語**の――線の**カタカナ**を**漢字**に直せ。**答案用紙に一字記入**せよ。

(20) 2×10

1 父は**不ゲン実行**の人だった。
2 **才名返上**の機会がやってきた。
3 観月会で**一コク千金**の時を過ごした。
4 **晴耕雨ドク**の生活に喜びを見いだす。
5 収録された作品は**ギョク石混交**だった。
6 **名所キュウ跡**を訪ねて回る。
7 売り上げの**現ジョウ維持**に努める。
8 悪党を**一網ダ尽**にする。
9 **無理算ダン**して資金を用意した。

（十）次の――線の**カタカナ**を**漢字**に直せ。

(40) 2×20

1 手土産に**ワガシ**を買い求める。
2 窓ガラスの**スイテキ**をぬぐう。
3 にわかに**ライウン**がわき起こった。
4 彼の嘆きようは**フツウ**ではなかった。
5 激しい**フンカ**で一帯に灰が積もった。
6 時候のあいさつは**ショウリャク**した。
7 店の派手な**カンバン**を目印にする。
8 魚を焼く火を**カゲン**する。
9 爆発の**シュンカン**を目撃した。
10 店内に新型自動車を**テンジ**している。

10 入手――獲□

えん・かく・じゅく・じゅん
ぜ・せん・ち・とく
ひ・ふう

(七) 次の――線のカタカナを漢字一字と送りがな(ひらがな)に直せ。 (10) 2×5

〈例〉 問題にコタエル。 答える

1 中世にキズカれた城門だ。
2 思い出がアザヤカニよみがえる。
3 庭の梅の古木がカレル。
4 両者が最後まで首位をアラソッた。
5 王が家臣にほうびをサズケル。

10 不測の事態に冷静チン着に対応する。

(九) 次の各文にまちがって使われている同じ読みの漢字が一字ある。上に誤字を、下に正しい漢字を記せ。 (10) 2×5

1 パイプラインが破損して原油が海に留出し生物への影響が心配される。
2 初舞台で見せた迫進の演技が絶賛を浴び、新人賞受賞の栄誉に輝いた。
3 遠征中の母校のサッカーチームが多彩な戦述を駆使して快勝した。
4 文化庁は文化財保護法の改正によりその憲限の一部を市町村に委ねた。
5 地図に載せる各種の情報は必要度の高いものから優専的に選ばれる。

11 太陽系のワクセイについて学ぶ。
12 あまりにもトウトツな幕切れだった。
13 係員にミチビかれて館内を見学する。
14 名前をヨばれて振り返る。
15 境内の桜の木がクちた。
16 生き別れになって三十年をへていた。
17 野菜がノキナみ値上がりした。
18 商品にサワらないでください。
19 夜オソくまで起きていた。
20 街は濃いキリに包まれていた。

▼解答は別冊4・5ページ

（一） 次の――線の**漢字の読み**を**ひらがな**で記せ。 (30) 1×30

1 壁画の色が鮮やかによみがえった。
2 香料を加えて洋菓子を作った。
3 講演の要旨をまとめる。
4 ドアの金具が腐食している。
5 人間関係が希薄になった。
6 笛の音が辺りの静寂を破った。
7 両手の握力を測定する。
8 手提げから扇子を取り出す。
9 周到な登山計画を立てる。
10 傷害罪で起訴された。
11 大学で貝の養殖の研究をする。
12 流れるような筆致で書き上げる。
13 腕章をつけた係員に尋ねる。
14 再検討を訴えたが黙殺された。

（二） 次の――線の**カタカナ**にあてはまる漢字をそれぞれの**ア～オ**から**一つ**選び、**記号にマーク**せよ。 (30) 2×15

1 恐怖のあまり絶**キョウ**した。
2 職人の優れた技に**キョウ**嘆する。
3 容疑者が自**キョウ**を始めた。
（ア 況　イ 驚　ウ 叫　エ 狂　オ 供）

4 雲一つない**カイ**晴の朝を迎えた。
5 社長が朝礼で訓**カイ**を垂れる。
6 隣国の**カイ**入をこばむ。
（ア 介　イ 戒　ウ 快　エ 壊　オ 皆）

7 逃**ボウ**する恐れがある。
8 とても**ボウ**観できなかった。
9 論文の**ボウ**頭で結論を述べる。
（ア 冒　イ 亡　ウ 傍　エ 肪　オ 忙）

10 **ヒ**岸に墓参りをする。
11 **ヒ**写体に向けてカメラを構える。
12 議案は**ヒ**決された。
（ア 疲　イ 避　ウ 被　エ 否　オ 彼）

（四） **熟語の構成**のしかたには次のようなものがある。 (20) 2×10

ア 同じような意味の漢字を重ねたもの　（**岩石**）
イ 反対または対応の意味を表す字を重ねたもの　（**高低**）
ウ 上の字が下の字を修飾しているもの　（**洋画**）
エ 下の字が上の字の目的語・補語になっているもの　（**着席**）
オ 上の字が下の字の意味を打ち消しているもの　（**非常**）

次の熟語は右の**ア～オ**のどれにあたるか、**一つ**選び、**記号にマーク**せよ。

1 戦闘
2 就任
3 微量
4 不詳
5 往復
6 執刀
7 雌雄
8 優秀
9 鈍痛
10 清濁

15 奇襲にあって大混乱におちいった。
16 打った瞬間ホームランとわかった。
17 母校の光輝ある伝統を守る。
18 傾斜のゆるやかな坂を上った。
19 トランペットを高らかに吹奏する。
20 桜の老木が枯死した。
21 粉末のからしを水で溶く。
22 にわかに顔を曇らせた。
23 悩みを一人で抱え込んでいた。
24 温かいうちに召し上がってください。
25 街は濃い霧に包まれていた。
26 朽ちかけた山小屋を建て直す。
27 体が鉛のように重かった。
28 モップの柄を壁にもたせかける。
29 おだやかな母が珍しく怒った。
30 庭の芝生を刈りそろえる。

13 飛びハねて喜んでいる。
14 失敗してハずかしかった。
15 最後まで弱音をハかなかった。
（ア恥　イ果　ウ張　エ跳　オ吐）

㈢ 1～5の三つの□に**共通する漢字**を入れて熟語を作れ。漢字は**ア～コ**から**一つ**選び、**記号にマーク**せよ。 (10) 2×5

1 気□・背□・□夫
2 □号・□賛・通□
3 賞□・□金・処□
4 □囲・師□・模□
5 強□・□遊・富□

ア烈　イ胸　ウ怒　エ与　オ罰
カ豪　キ範　ク丈　ケ鋭　コ称

㈤ 次の漢字の**部首**を**ア～エ**から**一つ**選び、**記号にマーク**せよ。 (10) 1×10

1 彩（ア彡　イ木　ウ禾　エ⺤）
2 舞（ア十　イ舛　ウ二　エ夕）
3 辞（ア舌　イ口　ウ立　エ辛）
4 脂（ア月　イノ　ウ日　エ匕）
5 敷（ア田　イ十　ウ方　エ攵）
6 突（ア宀　イ八　ウ穴　エ大）
7 属（ア口　イ尸　ウ冂　エ虫）
8 隣（ア舛　イ夕　ウ阝　エ米）
9 趣（ア耳　イ走　ウ土　エ又）
10 競（ア亠　イ口　ウ儿　エ立）

(六)
後の□内のひらがなを漢字に直して□に入れ、**対義語**・**類義語**を作れ。□内のひらがなは一度だけ使い、**答案用紙**に**一字記入**せよ。

(20) 2×10

対義語

1 破壊―建□
2 加熱―冷□
3 生誕―永□
4 例外―原□
5 柔和―凶□

類義語

6 大樹―□木
7 風刺―皮□
8 縁者―親□
9 前途―□来

(八)
文中の**四字熟語**の――線の**カタカナ**を**漢字**に直せ。**答案用紙**に**一字記入**せよ。

(20) 2×10

1 翌年も**ホウ年満作**だった。
2 **同ショウ異夢**の連立政権が行き詰まる。
3 気迫に満ちた**真ケン勝負**の試合だった。
4 **無味乾ソウ**な話が延々と続いた。
5 人目を気にして**小シン翼々**としている。
6 あの人は**八ポウ美人**で信頼できない。
7 帰国を**一日千シュウ**の思いで待つ。
8 **自給自ソク**の生活を始める。
9 **ゴク悪非道**の所業を更に重ねた。

(十)
次の――線の**カタカナ**を**漢字**に直せ。

(40) 2×20

1 幼なじみの二人が**コンヤク**した。
2 青年の**クッセツ**した感情を描く。
3 **シボウ**校の説明会に出席する。
4 両国は**ミッセツ**な関係にあった。
5 **イセイ**のいいかけ声が聞こえてくる。
6 新しい**ボウシ**をかぶって出かける。
7 道端の草を植物**ズカン**で調べてみる。
8 健康の**イジ**に留意する。
9 **センパイ**の指導を受けて上達した。
10 駅までまだかなりの**キョリ**がある。

10 追憶 ― 回 □

きゃく・きょ・しょう・せつ
そう・そく・にく・ぼう
みん・るい

(七) 次の――線のカタカナを漢字一字と送りがな(ひらがな)に直せ。 (10) 2×5

〈例〉 問題にコタエル。 答える

1 アマヤカサれて育った。
2 草むらでバッタをツカマエた。
3 転んでくつがヌゲル。
4 人気歌手にファンがムラガッた。
5 すぐに解けるヤサシイ問題だった。

10 病状は一進一タイで予断を許さない。

(九) 次の各文にまちがって使われている同じ読みの漢字が一字ある。上に誤字を、下に正しい漢字を記せ。 (10) 2×5

1 選挙運動費用の収支報告書には領収書の添付が技務付けられている。
2 家電製品の配線部分にペットの毛が付着し、突然発火する事故があった。
3 不景気の影響で寄付金収入が減少し、運英に苦慮している交響楽団がある。
4 宅配業者が長時間労働を是正するため通信販買会社との取引を縮小した。
5 成績不振のチームの選手たちが上位浮上を期して特訓に宣念している。

11 地元チームをオウエンする。
12 会になくてはならないソンザイだ。
13 急にそんなことを言われてもコマる。
14 ホしかった品物を入手した。
15 テーブルに花をカザる。
16 夕立にあってアマヤドりした。
17 屋上からは人がコメツブ大に見えた。
18 父にそっくりだが他人のソラニだ。
19 池でカメをカっている。
20 トウゲの茶屋で一服する。

▼解答は別冊6・7ページ

(一) 次の――線の**漢字の読み**を**ひらがな**で記せ。 (30) 1×30

1 内外の名画を集めた美の殿堂だ。
2 大学で民俗学を学んでいる。
3 文芸雑誌に短歌を投稿する。
4 国際情勢が切迫している。
5 極秘の情報を手に入れた。
6 セミが羽化する様子を観察する。
7 画像の粒子のあらさが目立つ。
8 プライバシーの侵害に抗議する。
9 内需の拡大を図る政策がとられた。
10 長男が三代目を襲名した。
11 駅前に店舗を構えている。
12 当時の事を鮮明に記憶している。
13 高名な小説家が戯曲を手がけた。
14 逃げ出した猛獣を捕まえる。

(二) 次の――線の**カタカナ**にあてはまる漢字をそれぞれの**ア～オ**から**一つ**選び、**記号にマーク**せよ。 (30) 2×15

1 応援席から**カン**声が上がる。
2 **カン**言につられて痛い目にあった。
3 誕生日を祝って**カン**杯する。
（ア 乾　イ 監　ウ 汗　エ 甘　オ 歓）

4 これまでの経**イ**を述べる。
5 健康の**イ**持に努める。
6 安**イ**に引き受けたことをくやむ。
（ア 威　イ 易　ウ 依　エ 維　オ 緯）

7 部員の士気を**コ**舞する。
8 庭の桜が**コ**死した。
9 **コ**大広告の疑いがある。
（ア 鼓　イ 呼　ウ 誇　エ 故　オ 枯）

10 **シュ**色の大鳥居が目につく。
11 デザインに**シュ**向をこらす。
12 予防接**シュ**を受ける。
（ア 趣　イ 朱　ウ 取　エ 種　オ 狩）

(四) **熟語の構成**のしかたには次のようなものがある。 (20) 2×10

ア 同じような意味の漢字を重ねたもの　（**岩石**）
イ 反対または対応の意味を表す字を重ねたもの　（**高低**）
ウ 上の字が下の字を修飾しているもの　（**洋画**）
エ 下の字が上の字の目的語・補語になっているもの　（**着席**）
オ 上の字が下の字の意味を打ち消しているもの　（**非常**）

次の熟語は右の**ア～オ**のどれにあたるか、**一つ**選び、**記号にマーク**せよ。

1 雌雄
2 迎春
3 盛況
4 首尾
5 休暇

6 追跡
7 到達
8 不朽
9 空欄
10 予測

15 真相の究明に執念を燃やす。
16 毎晩工場内を巡視する。
17 ロケットの打ち上げを生中継する。
18 高い塔から市街を見下ろす。
19 知恵をしぼって策を練る。
20 理屈をこねてばかりいる。
21 旅先の温泉で年を越した。
22 相手の胸中を推し量る。
23 こつこつと貯金を殖やす。
24 腐らないように熱処理をほどこす。
25 スカートの丈を長くする。
26 涙を流しながら語り続けた。
27 法の網をくぐって私腹を肥やす。
28 郷土では神童の誉れが高かった。
29 暦の上ではすでに夏になった。
30 最寄りの駅まで送ってもらった。

13 虫の声に耳を**ス**ます。
14 買い物を**ス**まして帰宅する。
15 川の底まで**ス**けて見える。
（ア 透　イ 住　ウ 澄　エ 過　オ 済）

(三)

1～5の三つの□に**共通する漢字**を入れて熟語を作れ。漢字は**ア～コ**から**一つ**選び、**記号にマーク**せよ。　(10) 2×5

1 奇□・□群・選□
2 終□・基□・吸□
3 □力・爆□・□丸
4 □出・吐□・朝□
5 退□・□頭・□営

ア 盤	イ 脱	ウ 却	エ 露	オ 陣
カ 結	キ 弾	ク 威	ケ 跡	コ 抜

(五)

次の漢字の**部首**を**ア～エ**から**一つ**選び、**記号にマーク**せよ。　(10) 1×10

1 攻（ア 工　イ 攵　ウ ノ　エ 又）
2 夏（ア 夂　イ 一　ウ 目　エ 自）
3 瞬（ア 冖　イ 舛　ウ 爫　エ 目）
4 罰（ア 刂　イ 亠　ウ 言　エ 罒）
5 吹（ア 口　イ 欠　ウ 人　エ ノ）
6 建（ア 丨　イ 聿　ウ 十　エ 廴）
7 衆（ア 皿　イ 血　ウ 亻　エ 丨）
8 奥（ア 冂　イ 米　ウ 大　エ 人）
9 疲（ア 广　イ 皮　ウ 疒　エ 冫）
10 斜（ア 斗　イ 小　ウ 入　エ 干）

4

(六) 後の□内のひらがなを漢字に直して□に入れ、**対義語・類義語**を作れ。□内のひらがなは一度だけ使い、**答案用紙に一字記入**せよ。

(20)
2×10

対義語

1 近海 ― 遠□
2 攻撃 ― □御
3 回避 ― 直□
4 航行 ― □泊
5 大要 ― □細

類義語

6 永眠 ― □界
7 全快 ― 完□
8 不意 ― □然
9 重荷 ― 負□

(八) 文中の**四字熟語**の――線の**カタカナ**を漢字に直せ。**答案用紙に一字記入**せよ。

(20)
2×10

1 友人の**博ラン強記**に脱帽する。
2 **大キ晩成**の役者だった。
3 作文の**起承テン結**を整える。
4 仕事は**五リ霧中**の状態だ。
5 ささいな事件を**針小ボウ大**に伝える。
6 師の遺戒を**キン科玉条**とする。
7 **人跡ミ踏**の密林に分け入った。
8 腕を組んで**チン思黙考**している。
9 **電光石カ**の早業で一本取った。

(十) 次の――線の**カタカナ**を**漢字**に直せ。

(40)
2×20

1 救援隊を現地に**ハケン**する。
2 両手の**アクリョク**を測る。
3 遅刻した人は**カイム**だった。
4 **リコン**届を役所に提出する。
5 **シャソウ**に海岸の景色が見えてきた。
6 恐怖のあまり**ゼッキョウ**した。
7 母校の**センパイ**がコーチを務める。
8 **ミョウ**な話を耳にした。
9 採掘の権利を一社が**ドクセン**する。
10 オーケストラの**エンソウ**を楽しむ。

10 苦労―□儀

しょう・た・たん・ち
てい・とつ・なん・ぼう
めん・よう

(七) 次の――線のカタカナを漢字一字と送りがな(ひらがな)に直せ。 (10) 2×5

〈例〉 問題にコタエル。 答える

1 赤ん坊にもうすぐ歯がハエル。
2 思わず天をアオイだ。
3 消費税額をフクメて表示する。
4 ケワシイ道を一歩一歩進む。
5 去年にクラベルと雪が多い。

10 いつしか自己ム盾におちいっていた。
11 最下位から三位にフジョウした。
12 借用書に本人がショメイする。
13 泣いて止められ決心がニブった。
14 川のハバが次第に狭くなる。
15 サイレンの音が夜の静寂をヤブった。
16 キズグチに塩をぬるようなものだ。
17 わらを編んでコメダワラをつくる。
18 沢にソって山を下る。
19 書類を上司にワタした。
20 スルドい目つきでにらまれた。

(九) 次の各文にまちがって使われている同じ読みの漢字が一字ある。上に誤字を、下に正しい漢字を記せ。 (10) 2×5

1 日本の大学関係者の間に従頼の入学時期を変更しようとする動きがある。
2 県は登山客に人気のある山への入山協力金の徴収を本確的に開始する。
3 非常用に蓄えていた食品を点件すると賞味期限がすでに過ぎていた。
4 トンボの個体数減少が支摘されており、農薬の使用に規制が求められる。
5 改修された球場で球児たちが人工芝の管触を確かめながら試合をした。

▼解答は別冊8・9ページ

（一） 次の――線の**漢字の読み**を**ひらがな**で記せ。 (30) 1×30

1 有力な証拠が発見された。
2 玄関先で手短に話を済ませる。
3 緑色の木々を濃淡をつけて描く。
4 名人が圧倒的な強さを見せた。
5 太陽は恒星の一つである。
6 話に脈絡がなくてわかりづらい。
7 庭に枯死寸前の老いた松がある。
8 一昔前の歌謡曲が流れてくる。
9 波が突堤に激しく打ちつける。
10 天井が高くて部屋が広々としている。
11 ニューモデルの普及に社運をかける。
12 書類の記載に誤りがあった。
13 スピーチの草稿を清書する。
14 卒業生の前途を祝福する。

（二） 次の――線の**カタカナ**にあてはまる漢字をそれぞれの**ア〜オ**から**一つ**選び、**記号にマーク**せよ。 (30) 2×15

1 展示場に絵を**ハン**入する。
2 諸**ハン**の事情を考慮する。
3 市**ハン**の胃薬を服用した。
（ア 犯　イ 般　ウ 販　エ 搬　オ 範）

4 入館者は増加の**ケイ**向にある。
5 **ケイ**統立った研究をする。
6 自然の恩**ケイ**に浴する。
（ア 継　イ 傾　ウ 経　エ 恵　オ 系）

7 現代の風**チョウ**に異を唱える。
8 年会費を**チョウ**収する。
9 全身をばねにして**チョウ**躍する。
（ア 徴　イ 調　ウ 潮　エ 張　オ 跳）

10 問題点を**シ**摘する。
11 **シ**質をとりすぎないようにする。
12 **シ**雄同体の生物もいる。
（ア 指　イ 雌　ウ 紫　エ 刺　オ 脂）

（四） **熟語の構成**のしかたには次のようなものがある。 (20) 2×10

ア 同じような意味の漢字を重ねたもの　（**岩石**）
イ 反対または対応の意味を表す字を重ねたもの　（**高低**）
ウ 上の字が下の字を修飾しているもの　（**洋画**）
エ 下の字が上の字の目的語・補語になっているもの　（**着席**）
オ 上の字が下の字の意味を打ち消しているもの　（**非常**）

次の熟語は右の**ア〜オ**のどれにあたるか、**一つ**選び、**記号にマーク**せよ。

1 遅速
2 珍事
3 存亡
4 不問
5 波紋
6 更衣
7 比較
8 授受
9 退陣
10 別離

15 まるで桃源郷のように平和な村だ。
16 部下の背信に烈火のごとく怒った。
17 これまでのやり方を踏襲する。
18 二つの部局の部長職を兼務する。
19 記録的な豪雨に見舞われた。
20 父の死に大きな打撃を受けた。
21 隣の人が席を立った。
22 火山から溶岩が噴き出した。
23 怒りの矛先をたくみにかわす。
24 世話になったお礼に伺う。
25 頼りがいのある友人に相談する。
26 どうやら冷蔵庫が壊れたらしい。
27 まだ幾らでもあります。
28 局面の打開を図る。
29 医療関係の職に就いた。
30 厳戒態勢が敷かれた。

13 カードをソえて花束を贈る。
14 上体をゆっくりソらす。
15 夕日に雲が赤くソまる。
（ア 染　イ 反　ウ 添　エ 沿　オ 初）

(三) 1～5の三つの□に**共通する漢字**を入れて熟語を作れ。漢字は**ア～コ**から**一つ**選び、**記号にマーク**せよ。 (10) 2×5

1 神□・□堂・□下
2 奇□・□案・□技
3 □雪・□奏・鼓□
4 陰□・□劇・悲□
5 鉄□・□章・□白

ア 縁	イ 惨	ウ 腕	エ 壁	オ 妙
カ 暦	キ 秘	ク 吹	ケ 殿	コ 粉

(五) 次の漢字の**部首**を**ア～エ**から**一つ**選び、**記号にマーク**せよ。 (10) 1×10

1 隠 （ア ⺍　イ 阝　ウ ⺤　エ 心）
2 床 （ア 厂　イ 木　ウ 十　エ 广）
3 彩 （ア 禾　イ 木　ウ 彡　エ ⺤）
4 暴 （ア 二　イ 八　ウ 氺　エ 日）
5 衛 （ア 彳　イ 行　ウ 亻　エ 口）
6 舟 （ア 舟　イ 冂　ウ 一　エ 丶）
7 裏 （ア 里　イ 田　ウ 衣　エ 亠）
8 獲 （ア 犭　イ 艹　ウ 隹　エ 又）
9 震 （ア 厂　イ 二　ウ ⻗　エ 辰）
10 隷 （ア 隶　イ 示　ウ 氺　エ 士）

(六) 後の□内のひらがなを漢字に直して□に入れ、**対義語・類義語**を作れ。□内のひらがなは一度だけ使い、**答案用紙に一字記入**せよ。

(20) 2×10

対義語

1 浮上―□下
2 返却―□用
3 凶作―□作
4 執着―断□
5 定例―□時

類義語

6 本気―真□
7 憶測―□量
8 道端―□傍
9 興奮―□狂

(八) 文中の**四字熟語**の――線の**カタカナ**を**漢字**に直せ。**答案用紙に一字記入**せよ。

(20) 2×10

1 周囲の人々の様子に**疑心暗キ**になる。
2 **無ミ乾燥**なあいさつばかりだ。
3 話を**シン小棒大**に言い触らす。
4 **古コン東西**の名画に親しむ。
5 会ってたちまち**意気トウ合**した。
6 **ロン旨明快**な演説だった。
7 初心を忘れ**私利私ヨク**に走った。
8 選手は**闘シ満々**で試合にのぞんだ。
9 **キョウ天動地**の大事件が起きた。

(十) 次の――線の**カタカナ**を**漢字**に直せ。

(40) 2×20

1 銀の食器をみがいて**コウタク**を出す。
2 **キソク**に照らして処分を決める。
3 連続ドラマがようやく**カンケツ**した。
4 来月の**ジョウジュン**に退院する。
5 新庁舎の**ケンチク**が決まった。
6 かさから**スイテキ**が落ちる。
7 朝からひどく**ズツウ**がする。
8 コップ**イッパイ**の水を飲む。
9 祖母は九十歳で**エイミン**した。
10 山歩きで足腰が**ジョウブ**になった。

10 出席―参□

けん・しゃく・すい・ちん
ねっ・ねん・ほう・りん
れつ・ろ

(七) 次の――線のカタカナを漢字一字と送りがな(ひらがな)に直せ。 (10) 2×5

〈例〉 問題にコタエル。 答える

1 あまりのショックに気をウシナッた。
2 息つく暇も与えずゴールをセメル。
3 成功はムズカシク思われた。
4 午後からは海がアレル模様です。
5 現金を全てヌスマれていた。

10 悪事千リを走るという。

(九) 次の各文にまちがって使われている同じ読みの漢字が一字ある。上に誤字を、下に正しい漢字を記せ。 (10) 2×5

1 希少な野鳥の保互区内のいけすに小魚を放し、繁殖期のえさ不足を補う。
2 製造過定や原料の安全性に最大限配慮した洗剤の売れ行きが好調だ。
3 子供の皮膚は紫害線防御の機能が低く、露出を少なくする必要がある。
4 不況に悩む百貨店が、不採算店舗の閉鎖や人員整理などの改確を進める。
5 守備を重使する堅実な戦法のサッカーチームが全国優勝を果たした。

11 逃走した犯人をツイセキする。
12 トウフと野菜をいっしょに煮込む。
13 立派なモンガマえの家が並んでいる。
14 まんじゅうに入れるあんこをネる。
15 新聞紙を四つに折りタタむ。
16 どすんというニブい音がした。
17 肩からかばんをナナめにかける。
18 バザーの商品にネフダを付ける。
19 森で珍しい虫をツカまえた。
20 助けを求めてサケぶ声がする。

▼解答は別冊10・11ページ

（一）

次の――線の**漢字の読み**を**ひらがな**で記せ。

（30）1×30

1 内需が拡大して景気が上向く。
2 相手の一瞬のすきをついた。
3 航空機が次々と離陸する。
4 柔和なまなざしを向ける。
5 松の木の幹に樹脂がにじみ出ている。
6 ホテルの送迎バスを利用する。
7 設立の趣旨に多数の賛同を得た。
8 二人の前途を祝福する。
9 耐熱ガラスのポットで紅茶をいれる。
10 新人選手が抜群の成績を残した。
11 秀麗な富士の姿を仰ぎ見る。
12 夏の水泳講習に皆勤した。
13 規則に抵触する行為が目立つ。
14 毒舌家として恐れられている。

（二）

次の――線の**カタカナ**にあてはまる漢字をそれぞれの**ア～オ**から**一つ**選び、**記号にマーク**せよ。

（30）2×15

1 **チ**命的なミスを犯した。
2 社会の**チ**部があばかれた。
3 大雪のため列車が**チ**延した。
（ア 値　イ 恥　ウ 致　エ 遅　オ 治）

4 薄暗い**イン**気な部屋だ。
5 息子に店を継がせて**イン**居する。
6 演説に強烈な**イン**象を受けた。
（ア 隠　イ 陰　ウ 飲　エ 院　オ 印）

7 寸**カ**をおしんで勉強した。
8 旅先の名**カ**を買い求めた。
9 質問事項を**カ**条書きにする。
（ア 菓　イ 価　ウ 暇　エ 貨　オ 箇）

10 演奏会は満員の**セイ**況だった。
11 職場では旧**セイ**を名乗っている。
12 エベレストを**セイ**服した。
（ア 姓　イ 勢　ウ 性　エ 盛　オ 征）

（四）

熟語の構成のしかたには次のようなものがある。

（20）2×10

ア 同じような意味の漢字を重ねたもの （**岩石**）
イ 反対または対応の意味を表す字を重ねたもの （**高低**）
ウ 上の字が下の字を修飾しているもの （**洋画**）
エ 下の字が上の字の目的語・補語になっているもの （**着席**）
オ 上の字が下の字の意味を打ち消しているもの （**非常**）

次の熟語は右の**ア～オ**のどれにあたるか、**一つ**選び、**記号にマーク**せよ。

1 援助
2 朗報
3 栄枯
4 応答
5 屈指
6 比較
7 不便
8 狂喜
9 求婚
10 是非

15 団体旅行の添乗員を務める。
16 漫然と日を送っていた。
17 木々の緑を濃淡をつけて描く。
18 人工衛星が大気圏に突入した。
19 敬愛する俳人の永眠の地を訪れる。
20 取引先に違約金を支払った。
21 縁側に座って新聞を読む。
22 師の教えに背く結果となった。
23 入り口でチケットを渡す。
24 協議は大詰めの段階に入った。
25 運の悪さを嘆くほかなかった。
26 なだれが迫り恐怖に足が震えた。
27 コンバインで小麦を刈り取る。
28 会場は厳かな空気に包まれていた。
29 生花の髪飾りが目を引く。
30 沖の小島を遊覧船で巡る。

13 フってわいたような話だ。
14 魚に塩をフって焼く。
15 口笛をフきながら歩く。
（ア 殖　イ 噴　ウ 降　エ 吹　オ 振）

(三) 1〜5の三つの□に**共通する漢字**を入れて熟語を作れ。漢字は**ア〜コ**から**一つ**選び、**記号にマーク**せよ。 (10) 2×5

1 □線・□面・傾□
2 □定・図□・□識
3 □拠・独□・□有
4 □手・□子・脈□
5 賞□・□金・処□

ア 占　イ 拍　ウ 与　エ 鑑　オ 握
カ 証　キ 認　ク 脱　ケ 斜　コ 罰

(五) 次の漢字の**部首**を**ア〜エ**から**一つ**選び、**記号にマーク**せよ。 (10) 1×10

1 倒 （ア 扌　イ 至　ウ 刂　エ 亻）
2 痛 （ア 用　イ 广　ウ 疒　エ 厂）
3 戦 （ア ⺍　イ 戈　ウ 弋　エ 田）
4 脚 （ア 土　イ 厶　ウ 卩　エ 月）
5 舞 （ア 二　イ 十　ウ 舛　エ 夕）
6 尾 （ア 尸　イ 乚　ウ 厂　エ 毛）
7 著 （ア 日　イ 艹　ウ 耂　エ 丿）
8 岸 （ア 山　イ 厂　ウ 干　エ 十）
9 含 （ア 人　イ 口　ウ 一　エ 丿）
10 項 （ア 貝　イ 工　ウ 頁　エ 八）

(六) 後の□内のひらがなを漢字に直して□に入れ、**対義語・類義語**を作れ。□内のひらがなは一度だけ使い、**答案用紙に一字記入**せよ。

(20) 2×10

対義語

1 厳寒 ― □暑

2 強固 ― 薄□

3 年頭 ― 歳□

4 逃走 ― □跡

5 敏感 ― □感

類義語

6 雑踏 ― □雑

7 同等 ― □敵

8 看病 ― 介□

9 守備 ― □御

(八) 文中の**四字熟語**の――線の**カタカナ**を**漢字**に直せ。**答案用紙に一字記入**せよ。

(20) 2×10

1 一度だまされてから**ギ心暗鬼**になった。

2 **当意即ミョウ**の返答をする。

3 ほとんどの者が**流言ヒ語**に惑わされた。

4 諸外国から**門戸カイ放**を要求される。

5 郷土の寺社の**故事来レキ**を調べる。

6 **七ナン八苦**を乗り越えて成功した。

7 **完全無ケツ**のヒーローを演じる。

8 **電光石カ**の早業で勝敗が決まった。

9 またもや落選して**意気消チン**した。

(十) 次の――線の**カタカナ**を**漢字**に直せ。

(40) 2×20

1 **ライウ**のため試合は中止になった。

2 反対する理由を**カンケツ**に述べる。

3 大量の**バクダン**が投下された。

4 駅前のホテルに**シュクハク**する。

5 **メンミツ**に戦略を練る。

6 二色のタイルを**コウゴ**に張っている。

7 女王から**メイヨ**ある称号を贈られた。

8 人類の**ソセン**を探る研究をしている。

9 **ビリョク**ながらお役に立ちたい。

10 壁に**スイサイガ**がかかっている。

10 根底――□盤

き・ご・こん・じゃく
つい・どん・ひっ・ぼう
まつ・もう

(七) 次の――線のカタカナを漢字一字と送りがな(ひらがな)に直せ。 (10) 2×5

〈例〉 問題にコタエル。 答える

1 悲しみに胸がトザサれた。

2 見知らぬ人の好意にアマエル。

3 休みを取って英気をヤシナウ。

4 タノモシイ人物が味方に付いた。

5 保温性にスグレた素材を使う。

10 事件は急テン直下、解決に向かった。

(九) 次の各文にまちがって使われている同じ読みの漢字が一字ある。上に誤字を、下に正しい漢字を記せ。 (10) 2×5

1 経済発展や人口増加により世界的に水の不足や汚れが真刻化している。

2 長期にわたった現市政の路線の継属か変更かが今回の市長選で問われる。

3 地元の旬の食材を使った総作料理の店が評判を呼び固定客もついてきた。

4 畳の上の格闘技ともいわれる競技かるたの体験会に親子で賛加した。

5 ラジオ体操は医療保険が未制備の時代に国民の健康を願って作られた。

11 エンリョせずお召し上がりください。

12 海の見えるロテンぶろに入る。

13 接客にはキクバりが大切だ。

14 アツデのコートを着て出かける。

15 虫にサされたところがひどく痛む。

16 隣人からオスの子犬をもらった。

17 机を窓の近くにウツした。

18 提案はことごとくシリゾけられた。

19 大水の被害が広い範囲にオヨんだ。

20 晴れた日にふとんをホす。

▼解答は別冊12・13ページ

(一) 次の——線の**漢字の読み**を**ひらがな**で記せ。 (30) 1×30

1 名高い剣豪にあこがれる。
2 路傍の石仏に花を供える。
3 またとない妙案を思いついた。
4 川原でホタルが乱舞していた。
5 甘言に乗ってひどい目にあった。
6 港に大型客船が停泊している。
7 息子が三代目を襲名した。
8 依頼された脚本を書き上げた。
9 ずばぬけた記憶力に脱帽した。
10 沼を干拓して農地にする。
11 是認できない考えだった。
12 傾斜の急な坂を駆け下りた。
13 両チームのすさまじい攻防が続く。
14 高層ビルが偉容を誇る。

(二) 次の——線の**カタカナ**にあてはまる漢字をそれぞれの**ア〜オ**から**一つ**選び、**記号にマーク**せよ。 (30) 2×15

1 人口が首都**ケン**に集中している。
2 **ケン**悪なムードが一変した。
3 海外に派**ケン**されることになった。
（ア 軒　イ 遣　ウ 圏　エ 兼　オ 険）

4 音**キョウ**設備が整っている。
5 大自然の**キョウ**異に心を打たれる。
6 友人に近**キョウ**を知らせる。
（ア 響　イ 況　ウ 驚　エ 凶　オ 狂）

7 社長が退**ジン**に追い込まれた。
8 **ジン**常な戦法では勝てない。
9 チームの設立に**ジン**力する。
（ア 尽　イ 尋　ウ 仁　エ 陣　オ 臣）

10 介護の**フ**担を軽減する。
11 雪焼けして皮**フ**が赤くなった。
12 政治の**フ**敗をいきどおる。
（ア 膚　イ 浮　ウ 負　エ 腐　オ 賦）

(四) **熟語の構成**のしかたには次のようなものがある。 (20) 2×10

ア 同じような意味の漢字を重ねたもの （**岩石**）
イ 反対または対応の意味を表す字を重ねたもの （**高低**）
ウ 上の字が下の字を修飾しているもの （**洋画**）
エ 下の字が上の字の目的語・補語になっているもの （**着席**）
オ 上の字が下の字の意味を打ち消しているもの （**非常**）

次の熟語は右の**ア〜オ**のどれにあたるか、**一つ**選び、**記号にマーク**せよ。

1 握手
2 因果
3 敏速
4 噴火
5 賞罰

6 即決
7 運搬
8 未納
9 更衣
10 歓声

15 思い出が鮮烈によみがえる。

16 通りの名を通称で呼ぶ。

17 写真の粒子のあらさが目立つ。

18 兄弟そろって獣医になった。

19 端麗な顔立ちのアナウンサーだ。

20 夜間工事の音が安眠をさまたげる。

21 間もなく稲刈りが始まる。

22 ひとまず矛をおさめた。

23 だんろの火が盛んに燃えている。

24 庭の遅咲きのバラが見ごろになった。

25 山の奥にほら穴を見つけた。

26 かつては大きな屋敷に住んでいた。

27 バターをフライパンで溶かす。

28 しばらく松葉づえに頼っていた。

29 世渡り上手な人間だった。

30 りんごを箱詰めにして送る。

---

13 これまで**イ**の中のかわずだった。

14 **イ**ても立ってもいられない。

15 反対するには勇気が**イ**る。

（ア 行　イ 井　ウ 要　エ 生　オ 居）

(三) 1～5の三つの□に**共通する漢字**を入れて熟語を作れ。漢字は**ア～コ**から**一つ**選び、**記号にマーク**せよ。 (10) 2×5

1 □界・越□・□内

2 清□・汚□・□音

3 □圧・□力・爆□

4 □星・困□・迷□

5 手□・□白・□章

ア 潔	イ 威	ウ 惑	エ 濁	オ 柄
カ 境	キ 限	ク 腕	ケ 恒	コ 弾

(五) 次の漢字の**部首**を**ア～エ**から**一つ**選び、**記号にマーク**せよ。 (10) 1×10

1 裁 （ア 戈　イ 弋　ウ 土　エ 衣）

2 需 （ア ⻗　イ 一　ウ 冂　エ 而）

3 屈 （ア 山　イ 厂　ウ 尸　エ 凵）

4 燥 （ア 木　イ 火　ウ 十　エ 口）

5 玄 （ア 玄　イ 幺　ウ 亠　エ 厶）

6 再 （ア 十　イ 一　ウ 冂　エ 土）

7 座 （ア 人　イ 厂　ウ 土　エ 广）

8 塔 （ア 土　イ 口　ウ 艹　エ 人）

9 影 （ア 日　イ 小　ウ 彡　エ 亠）

10 盟 （ア 罒　イ 皿　ウ 日　エ 月）

㈥ 後の□内のひらがなを漢字に直して□に入れ、**対義語・類義語**を作れ。□内のひらがなは一度だけ使い、**答案用紙に一字記入**せよ。 (20) 2×10

対義語

1 巨大―微□
2 不和―円□
3 開放―閉□
4 警戒―□断
5 薄弱―□固

類義語

6 精進―□力
7 使命―責□
8 隷属―服□
9 同等―匹□

㈧ 文中の**四字熟語**の――線の**カタカナ**を**漢字**に直せ。**答案用紙に一字記入**せよ。 (20) 2×10

1 何度も**離合集サン**を繰り返した。
2 家財道具を**二束三モン**で売り払う。
3 **起死カイ生**の一撃を放った。
4 疑いが晴れて**青天ハク日**の身となる。
5 **適ザイ適所**を心得た人事だ。
6 出品された作品は**ギョク石混交**だった。
7 急に**他人行ギ**な態度になった。
8 **一ボウ千里**の平原が広がる。
9 委員会は**ユウ名無実**の存在と化した。

㈩ 次の――線の**カタカナ**を**漢字**に直せ。 (40) 2×20

1 食べ過ぎて**イチョウ**の調子が悪い。
2 支出を予算の**ハンイ**に収める。
3 マグロの**ヨウショク**に成功した。
4 あくまで**ヒミツ**を守った。
5 試合の**シュウバン**に逆転した。
6 神社で安産を**キガン**する。
7 観衆は**コウフン**の極に達した。
8 帰国は来月の**ゲジュン**になる。
9 大学を**ユウシュウ**な成績で卒業した。
10 話の**トチュウ**で口をさしはさむ。

10 不意 ― □然

きょう・さ・さい・じゅう
てき・ど・とつ・まん
む・ゆ

（七） 次の――線のカタカナを漢字一字と送りがな（ひらがな）に直せ。 (10) 2×5

〈例〉 問題にコタエル。 答える

1 肩こりに常々ナヤマサれている。

2 友人との相性をトランプでウラナウ。

3 包丁の切れ味がニブイ。

4 スープをサマシてから飲む。

5 会場は市民ホールをカリレばよい。

10 久々に抱腹絶トウの喜劇を見た。

11 彼の主張には何のコンキョもない。

12 両親はレンアイ結婚だった。

13 親鳥が卵からカタトキも離れない。

14 事情をクワしく説明する。

15 コーヒー豆をひいてコナにする。

16 ハゲしく議論を戦わせる。

17 赤いさんごのカミカザりをつける。

18 必死のウッタえにも耳を貸さない。

19 差しさわりのある話題をサける。

20 ただ一人黙々とシナイを振るう。

（九） 次の各文にまちがって使われている同じ読みの漢字が一字ある。上に誤字を、下に正しい漢字を記せ。 (10) 2×5

1 コンビニの店舗網が広がり宅配便を店で受け取る理用者が増えている。

2 世界的に貴調な地形や地質を保全する方法について専門家が話し合った。

3 県は最大級の降雨非害に備え各河川流域の浸水想定区域図を公表した。

4 紀元前に西アジアで栄えた国の未逃掘の王墓を日本の調査団が発見した。

5 オリンピックで活躍した選手が走り方の基本を小学生たちに指動した。

▼解答は別冊14・15ページ

(一) 次の――線の**漢字の読み**を**ひらがな**で記せ。

(30) 1×30

1 祖父に民謡を教わった。
2 自慢の料理を客人にふるまう。
3 服飾の専門学校で学んでいる。
4 人気を一身に集め全盛を極めた。
5 橋の欄干に寄りかかる。
6 依然として解決のめどがつかない。
7 幼いころは腕白な少年だった。
8 歓談のひとときを楽しむ。
9 はっとするほど端麗な容姿だった。
10 漢和辞典の監修をする。
11 バラの花は香料にも使われる。
12 以前は優雅に暮らしていた。
13 史跡巡りのツアーに参加する。
14 読んだ本の要旨をまとめる。

(二) 次の――線の**カタカナ**にあてはまる漢字をそれぞれの**ア～オ**から**一つ**選び、**記号にマーク**せよ。

(30) 2×15

1 厳しい現実から**トウ**避する。
2 **トウ**突に質問された。
3 そんなことは**トウ**底許されない。
（ア 踏　イ 逃　ウ 唐　エ 到　オ 透）

4 国内産業を**ホ**護する。
5 住宅街で野生のサルを**ホ**獲した。
6 アスファルトで**ホ**装する。
（ア 舗　イ 補　ウ 歩　エ 捕　オ 保）

7 恐**フ**のあまり口がきけない。
8 天から**フ**与された才能を生かす。
9 **フ**沈の多い人生を送った。
（ア 富　イ 浮　ウ 賦　エ 普　オ 怖）

10 車の整**ビ**工場で働く。
11 **ビ**力ながらお手伝いします。
12 首**ビ**よく試験に合格した。
（ア 備　イ 鼻　ウ 尾　エ 美　オ 微）

(四) **熟語の構成**のしかたには次のようなものがある。

(20) 2×10

ア 同じような意味の漢字を重ねたもの（**岩石**）
イ 反対または対応の意味を表す字を重ねたもの（**高低**）
ウ 上の字が下の字を修飾しているもの（**洋画**）
エ 下の字が上の字の目的語・補語になっているもの（**着席**）
オ 上の字が下の字の意味を打ち消しているもの（**非常**）

次の熟語は右の**ア～オ**のどれにあたるか、**一つ**選び、**記号にマーク**せよ。

1 利害
2 継続
3 寸暇
4 積載
5 未完
6 鉄塔
7 脱帽
8 攻防
9 猛烈
10 耐火

15 祖母の毛髪は黒々としている。
16 しばし追憶にふけっていた。
17 執念でメダルを勝ち取った。
18 彼の態度を見て不信感が増幅した。
19 突然の雷雨で軒先へ走った。
20 昔からの療法に頼っている。
21 甘党でケーキに目がない。
22 危険を冒して取材を続けた。
23 雌のシェパードを調教する。
24 仕事をかけ持ちして忙しい。
25 風が更に強くなった。
26 社長のお気に召さないようだ。
27 摘んだ山菜をかごに入れる。
28 おおげさなあいさつに戸惑う。
29 見るからに羽振りが良い。
30 駆け出しのころは失敗の連続だった。

13 サめたお茶をすする。
14 目のサめるような色がぬられている。
15 旧友との話に花がサく。
（ア 刺　イ 去　ウ 冷　エ 咲　オ 覚）

(三) 1～5の三つの□に共通する漢字を入れて熟語を作れ。漢字はア～コから一つ選び、記号にマークせよ。 (10) 2×5

1 悲□・陰□・□劇
2 傾□・□壊・圧□
3 比□・軽□・□直
4 図□・印□・□賞
5 □明・解□・□放

ア 鑑　イ 率　ウ 斜　エ 惨　オ 柄
カ 較　キ 倒　ク 恋　ケ 鮮　コ 釈

(五) 次の漢字の部首をア～エから一つ選び、記号にマークせよ。 (10) 1×10

1 珍 （ア 人　イ 彡　ウ 土　エ 王）
2 即 （ア 口　イ 卩　ウ 日　エ 丨）
3 盾 （ア 目　イ ノ　ウ 十　エ 斤）
4 衛 （ア 彳　イ 行　ウ 亻　エ 口）
5 壁 （ア 辛　イ 立　ウ 尸　エ 土）
6 殿 （ア 又　イ 几　ウ 殳　エ 尸）
7 著 （ア 艹　イ 日　ウ ノ　エ 耂）
8 鬼 （ア 田　イ 鬼　ウ 儿　エ 厶）
9 隷 （ア 示　イ 氺　ウ 隶　エ 士）
10 吹 （ア 欠　イ 人　ウ ノ　エ 口）

(六) 後の□内のひらがなを漢字に直して□に入れ、**対義語**・**類義語**を作れ。□内のひらがなは一度だけ使い、**答案用紙**に**一字記入**せよ。

(20) 2×10

対義語

1 航行―□泊
2 晩成―早□
3 希薄―□密
4 簡略―詳□
5 陰性―□性

類義語

6 使命―責□
7 巨木―大□
8 近隣―周□
9 同等―□敵

(八) 文中の**四字熟語**の――線の**カタカナ**を**漢字**に直せ。**答案用紙**に**一字記入**せよ。

(20) 2×10

1 **起死カイ生**のホームランを放った。
2 怒りに任せて**悪口ゾウ言**を並べた。
3 **キョウ味本位**で書かれた記事だった。
4 犯人グループを**一網打ジン**にする。
5 **牛飲バ食**して体をこわした。
6 **一心不ラン**になって練習する。
7 言動が**思慮フン別**を欠いている。
8 **キ想天外**な作品が注目を浴びる。
9 当時は経営難で**アオ息吐息**だった。

(十) 次の――線の**カタカナ**を**漢字**に直せ。

(40) 2×20

1 引っ越して生活**カンキョウ**が変わる。
2 **シンケン**なまなざしで見つめる。
3 店内に新型自動車を**テンジ**している。
4 大きな**ヨシン**で新たな被害が出た。
5 役所に**リコン**届を提出する。
6 毎年**ボン**と正月に帰省する。
7 雪焼けして**ヒフ**が赤くなった。
8 集合時間に**チコク**した。
9 豊作を願って伝統的な**ギシキ**を行う。
10 コーチの**シドウ**を受けて上達した。

10 前途 ― □ 来

さい・じゅ・じゅく・しょう
てい・のう・ひっ・へん
む・よう

(七) 次の――線のカタカナを漢字一字と送りがな(ひらがな)に直せ。 (10) 2×5

〈例〉 問題にコタエル。 答える

1 ホテルのフロントに荷物をアズケル。
2 植木をカラサないように水をやる。
3 グラスのワレル音がした。
4 日の出をオガモうと山に登る。
5 キタナイ部屋をそうじする。

10 事実無コンのデマが世間を騒がせた。

(九) 次の各文にまちがって使われている同じ読みの漢字が一字ある。上に誤字を、下に正しい漢字を記せ。 (10) 2×5

1 都市公園条例でバーベキュー禁止区域を定め異反者から罰金を徴収する。
2 知事選が終盤を迎え両候補はダム健設の是非を争点に舌戦を繰り広げた。
3 権威ある文学賞に高校生が書いた小説が選考委院の満場一致で選ばれた。
4 多発する踏切事故をなくすため、線路と道路との立体交査に切り替える。
5 政府は地熱や潮力などを利用する発電の研究を私援する方針を決めた。

11 サンビョウシの曲を演奏する。
12 裁判長は無罪をセンコクした。
13 ヨクバって結局は損をした。
14 大河のミナモトを訪ねる。
15 牧草地に羊がムれている。
16 洗ったシーツをカワかす。
17 トランプで運勢をウラナう。
18 やみの中をテサグりで進む。
19 雨が吹き込み床がミズビタしになる。
20 ゴムのクダが劣化した。

▼解答は別冊16・17ページ

（一） 次の――線の**漢字の読み**を**ひらがな**で記せ。 (30) 1×30

1 唐突に相談をもちかけられた。
2 若手の活躍が目覚ましかった。
3 腕章をつけたカメラマンがひしめく。
4 凶作で野菜の価格がはね上がった。
5 ノーベル賞受賞の栄誉に輝く。
6 赤字の穴うめに苦慮する。
7 砲丸投げの大会記録が出た。
8 部屋の空気が極度に乾燥している。
9 著名な歌人の遺稿が発見された。
10 御殿のような屋敷に招かれた。
11 志望校に受かって有頂天になる。
12 完成に半世紀の歳月を要した。
13 率先して後片付けをする。
14 大雨による災害を警戒する。

（二） 次の――線の**カタカナ**にあてはまる漢字をそれぞれの**ア〜オ**から**一つ**選び、**記号にマーク**せよ。 (30) 2×15

1 名画を見て思わず**タン**声をもらした。
2 役割を分**タン**して取り組む。
3 **タン**整な顔立ちの人形を飾る。
（ア 嘆　イ 淡　ウ 端　エ 担　オ 丹）

4 **イン**居して余生を送る。
5 **イン**惨な事件が続いて起きた。
6 書類に**イン**鑑を押す。
（ア 陰　イ 印　ウ 因　エ 引　オ 隠）

7 鮮やかな手ぎわに脱**ボウ**する。
8 朝寝**ボウ**してバスに乗り遅れた。
9 低脂**ボウ**の牛乳を選ぶ。
（ア 坊　イ 肪　ウ 帽　エ 冒　オ 亡）

10 梅雨時は食品が**フ**敗しやすい。
11 天から才能を**フ**与される。
12 新しい思想が**フ**及してきた。
（ア 浮　イ 賦　ウ 膚　エ 普　オ 腐）

（四） **熟語の構成**のしかたには次のようなものがある。 (20) 2×10

ア 同じような意味の漢字を重ねたもの　（**岩石**）
イ 反対または対応の意味を表す字を重ねたもの　（**高低**）
ウ 上の字が下の字を修飾しているもの　（**洋画**）
エ 下の字が上の字の目的語・補語になっているもの　（**着席**）
オ 上の字が下の字の意味を打ち消しているもの　（**非常**）

次の熟語は右の**ア〜オ**のどれにあたるか、**一つ**選び、**記号にマーク**せよ。

1 老齢
2 利害
3 猛攻
4 未熟
5 新鮮

6 雌雄
7 減量
8 安眠
9 歓喜
10 離職

15 窓ガラスに指紋がついている。
16 成績が上がって慢心が生じた。
17 暗黙のルールになっている。
18 敵の背後から奇襲をかけた。
19 稲につく害虫を駆除する。
20 激しい雷雨に見舞われた。
21 テストをひかえ勉強に本腰を入れる。
22 震えあがるほどの寒さだった。
23 たき火がくすぶって煙い。
24 野草を摘みながら歩く。
25 怖い夢にうなされて目が覚めた。
26 縁のまるい眼鏡をかけている。
27 ライバルと矛を交える。
28 体力の点で他の選手にやや劣る。
29 沢づたいに登っていった。
30 草の上に露が降りていた。

13 思いを**コ**めて演奏する。
14 絵画を見る目が**コ**えている。
15 郷里で年を**コ**した。
（ア 粉　イ 込　ウ 肥　エ 恋　オ 越）

(三) 1～5の三つの□に**共通する漢字**を入れて熟語を作れ。漢字は**ア～コ**から**一つ**選び、**記号にマーク**せよ。 (10) 2×5

1 円□・終□・地□
2 行□・作□・□替
3 多□・□殺・繁□
4 □観・□線・路□
5 支□・□助・応□

ア 陣	イ 忙	ウ 彩	エ 儀	オ 為
カ 悲	キ 障	ク 援	ケ 盤	コ 傍

(五) 次の漢字の**部首**を**ア～エ**から**一つ**選び、**記号にマーク**せよ。 (10) 1×10

1 層（ア 田　イ 厂　ウ 尸　エ 日）
2 雅（ア 二　イ 工　ウ 隹　エ 亻）
3 殖（ア 目　イ 夕　ウ 十　エ 歹）
4 遅（ア 尸　イ 辶　ウ 丶　エ 羊）
5 窓（ア 穴　イ 心　ウ 厶　エ 宀）
6 敬（ア 勹　イ 攵　ウ 口　エ 艹）
7 倒（ア 至　イ 土　ウ 亻　エ 刂）
8 奥（ア 人　イ 冂　ウ 米　エ 大）
9 成（ア 戈　イ 弋　ウ ノ　エ 一）
10 曇（ア 二　イ 冖　ウ ⻗　エ 日）

9

(六) 後の□内のひらがなを漢字に直して□に入れ、**対義語・類義語**を作れ。□内のひらがなは一度だけ使い、**答案用紙に一字記入**せよ。 (20) 2×10

対義語

1 決定 ― 保□
2 病弱 ― 丈□
3 大要 ― □細
4 破壊 ― 建□
5 需要 ― 供□

類義語

6 健闘 ― □戦
7 本気 ― 真□
8 最初 ― 冒□
9 困惑 ― □口

(八) 文中の**四字熟語**の――線の**カタカナ**を漢字に直せ。**答案用紙に一字記入**せよ。 (20) 2×10

1 **優ジュウ不断**な性格がわざわいする。
2 古典を学んで**オン故知新**を実感する。
3 **一進一タイ**の経過に目が離せない。
4 **汚名ヘン上**の機会を待っていた。
5 **問答無ヨウ**とまるで取り合わなかった。
6 人事には**適ザイ適所**が求められる。
7 前作と**同エイ曲**でがっかりした。
8 差し当たり**現ジョウ維持**に努める。
9 諸外国から**門戸カイ放**を迫られた。

(十) 次の――線の**カタカナ**を**漢字**に直せ。 (40) 2×20

1 駅は帰省客で**コンザツ**していた。
2 試験の出題**ハンイ**を確認する。
3 **ノウム**に視界がさえぎられる。
4 守りから**ハンゲキ**に転じた。
5 **キョダイ**な仏像を見上げる。
6 客を**ゲンカン**先で見送った。
7 ガンジーは近代の**イジン**と仰がれる。
8 湖に生息する**ビセイブツ**を研究する。
9 **ソウリツ**記念の式典に祝電を打つ。
10 港にタンカーが**テイハク**している。

10 根拠―□由

きゅう・けん・しょう・せつ
ぜん・とう・ぶ・へい
り・りゅう

(七) 次の―線の**カタカナ**を**漢字一字**と**送りがな(ひらがな)**に直せ。 (10) 2×5

〈例〉 問題に**コタエル**。 答える

1 師から秘伝を**サズカッ**た。
2 やっと追跡の手を**ノガレ**た。
3 友人の言葉を心に**キザム**。
4 新入社員の声に耳を**カタムケル**。
5 何かと**ナヤマシイ**ことが多い。

10 危機に直面して**冷静チン着**に行動する。

(九) 次の各文にまちがって使われている**同じ読みの漢字**が**一字**ある。**上に誤字**を、**下に正しい漢字**を記せ。 (10) 2×5

1 会社の歴史や事業内要を紹介する資料館を見学に訪れる人が増えている。
2 老朽化した水道管が破損して約三千世帯に断水や濁り水の映響が出た。
3 天文台にある大型の屈折望遠鏡で、木星のしま模様や衛星を観刷した。
4 特別名勝の松原のマツは元来防風防潮のために海岸の砂及に植林された。
5 好天に恵まれた休日の果樹園は梨狩りを楽しむ家族連れで盛境だった。

11 **ヤクザイ**師の資格を取った。
12 民衆の激しい**テイコウ**にあった。
13 こまが**イキオ**いよく回る。
14 人の**ナサ**けが身にしみた。
15 カップにコーヒーを**ソソ**ぐ。
16 結婚が人生の大きな**フシメ**になった。
17 **カタハバ**の広い男性だ。
18 親に**アマ**やかされて育った。
19 参列者一人一人に礼を**ノ**べた。
20 雄大な**ケシキ**が描かれている。

▼解答は別冊18・19ページ

（一） 次の――線の**漢字の読み**を**ひらがな**で記せ。 (30) 1×30

1 積み荷を満載して出航した。
2 祖父母に手紙で近況を伝える。
3 予算の範囲をこえている。
4 身のこなしの優雅な人だ。
5 粒子の細かい砂が浜から吹き寄せる。
6 寝食を忘れて看病する。
7 ここ数日曇天が続いている。
8 庭に雑草が繁茂している。
9 ビルが倒壊する恐れがあった。
10 過分なもてなしに恐縮した。
11 事件を微細な点に至るまで調べる。
12 無実の訴えが認められて本望だ。
13 水と食料を備蓄している。
14 遅刻して皆に迷惑をかけた。

（二） 次の――線の**カタカナ**にあてはまる漢字をそれぞれの**ア～オ**から**一つ**選び、**記号にマーク**せよ。 (30) 2×15

1 幼いころから**ジュウ**道を習っている。
2 サーカスで猛**ジュウ**のショーを見た。
3 宇宙船を操**ジュウ**する飛行士になる。
（ア 縦　イ 柔　ウ 重　エ 従　オ 獣）

4 大国に**レイ**属していた。
5 **レイ**節を重んじる。
6 きわだって秀**レイ**な山を仰ぎ見る。
（ア 礼　イ 麗　ウ 齢　エ 隷　オ 冷）

7 車が車庫の壁に接**ショク**した。
8 高級魚の養**ショク**に成功した。
9 店内の装**ショク**を工夫する。
（ア 飾　イ 植　ウ 触　エ 職　オ 殖）

10 突**テイ**でつり糸を垂らす。
11 **テイ**俗極まる番組だった。
12 命令口調に**テイ**抗を感じる。
（ア 底　イ 定　ウ 低　エ 堤　オ 抵）

（四） **熟語の構成**のしかたには次のようなものがある。 (20) 2×10

ア 同じような意味の漢字を重ねたもの （**岩石**）
イ 反対または対応の意味を表す字を重ねたもの （**高低**）
ウ 上の字が下の字を修飾しているもの （**洋画**）
エ 下の字が上の字の目的語・補語になっているもの （**着席**）
オ 上の字が下の字の意味を打ち消しているもの （**非常**）

次の熟語は右の**ア～オ**のどれにあたるか、**一つ**選び、**記号にマーク**せよ。

1 鬼才
2 耐火
3 乾燥
4 妙技
5 因果

6 予測
7 不沈
8 優劣
9 越境
10 思慮

15 日に焼けて皮膚が赤くなった。
16 端整な顔立ちの子供だった。
17 立ち居振る舞いが威厳を感じさせる。
18 海底火山の爆発が観測された。
19 名だたる高峰を征服してきた。
20 液状の樹脂を型に流し込む。
21 嘆かわしい世の中になった。
22 太陽の恵みを受けて稲が実った。
23 全身から汗が噴き出した。
24 受賞して誇らしい気持ちになる。
25 夕方になって日が陰ってきた。
26 網戸を外して水洗いした。
27 主君から名刀を授かった。
28 たき火のまきがくすぶって煙い。
29 人生の門出を祝う。
30 横風を受けてヨットが大きく傾いた。

13 川にソって散歩する。
14 花束にカードをソえる。
15 得意そうに胸をソらす。
（ア 反　イ 初　ウ 沿　エ 添　オ 染）

(三) 1〜5の三つの□に**共通する漢字**を入れて熟語を作れ。漢字は**ア〜コ**から**一つ**選び、**記号にマーク**せよ。 (10) 2×5

1 回□・逃□・□難
2 □曲・遊□・□画
3 □利・□敏・新□
4 □手・□子・脈□
5 指□・波□・□章

ア 摘	イ 権	ウ 戯	エ 避	オ 覧
カ 拍	キ 紋	ク 屈	ケ 握	コ 鋭

(五) 次の漢字の**部首**を**ア〜エ**から**一つ**選び、**記号にマーク**せよ。 (10) 1×10

1 窓（ア 穴　イ 宀　ウ 厶　エ 心）
2 盛（ア ノ　イ 戈　ウ 皿　エ 厂）
3 術（ア 小　イ 行　ウ 彳　エ 二）
4 凡（ア 丶　イ し　ウ 几　エ ノ）
5 再（ア 十　イ 冂　ウ 土　エ 一）
6 釈（ア 米　イ 釆　ウ 尸　エ 禾）
7 襲（ア 亠　イ 立　ウ 月　エ 衣）
8 箇（ア 竹　イ 十　ウ 口　エ ロ）
9 療（ア 日　イ 小　ウ 广　エ 疒）
10 般（ア 殳　イ 几　ウ 舟　エ 又）

10

(六) 後の□内のひらがなを漢字に直して□に入れ、**対義語・類義語**を作れ。□内のひらがなは一度だけ使い、**答案用紙に一字記入**せよ。 (20) 2×10

対義語

1 離脱 ― □加
2 定例 ― □時
3 凶暴 ― 柔□
4 油断 ― 警□
5 一致 ― □違

類義語

6 精進 ― □力
7 技量 ― 手□
8 長者 ― 富□
9 周到 ― 入□

(八) 文中の**四字熟語**の――線の**カタカナ**を**漢字**に直せ。**答案用紙に一字記入**せよ。 (20) 2×10

1 **三寒四オン**の日々が続く。
2 作品を**不ミン不休**で仕上げた。
3 **力戦奮トウ**した選手をたたえる。
4 ものごとの**是ヒ善悪**をわきまえる。
5 たびたび**天変地イ**に見舞われた。
6 知人の助力で**一件ラク着**した。
7 即売会の展示品は**ギョク石混交**だった。
8 部下の**面従フク背**はわかっていた。
9 一戦一戦が**真ケン勝負**だった。

(十) 次の――線の**カタカナ**を**漢字**に直せ。 (40) 2×20

1 朝から**ズツウ**がする。
2 **ハクジョウ**な仕打ちがうらめしい。
3 **ネッキョウ**的なファンが詰めかけた。
4 違反者に**バッキン**を科す。
5 生徒が教科書を**モクドク**している。
6 **センド**の良い野菜が並んでいる。
7 体育館の**コウイ**室で着替える。
8 家族からの**レンラク**を待つ。
9 **ノウム**で視界が閉ざされる。
10 難民を**シエン**する活動に加わった。

10 運搬―□送

かい・ごう・さん・そう
ど・ねん・ゆ・りん
わ・わん

(七) 次の――線のカタカナを漢字一字と送りがな(ひらがな)に直せ。 (10) 2×5

〈例〉 問題にコタエル。 答える

1 ハゲシイ風が吹いている。
2 助けを求めて声を限りにサケンだ。
3 草原をカケル馬をカメラに収める。
4 うっかりして一字ヌカシた。
5 うわさが本当かどうかタシカメル。

10 旧知の仲間が集まりダン論風発した。

(九) 次の各文にまちがって使われている同じ読みの漢字が一字ある。上に誤字を、下に正しい漢字を記せ。 (10) 2×5

1 ウォーキングには心肺機能を強化して血官の老化を防止する効用がある。
2 武家屋敷や商家が並び、城下町の計観が残る一帯は観光客に人気が高い。
3 ブドウ糖やアミノ酸など他彩な栄養素を含む甘酒は飲む点滴と言われる。
4 日本有数の劇団の上演居点となる劇場が完成し、報道陣に公開された。
5 老朽化した高速道路の造り直しや大規模な保修には巨額の費用を要する。

11 ムチュウになってパズルを解く。
12 ごくフツウの暮らしをしていた。
13 神社のウラテに竹林が広がる。
14 大根をワギりにする。
15 キンモクセイがよい香りをハナつ。
16 最後までヨワネを吐かなかった。
17 花柄のキヌのスカーフを巻く。
18 サトイモを味よく煮る。
19 慢性の肩こりにナヤまされる。
20 誕生日に恋人からオクり物が届いた。

▼解答は別冊20・21ページ

(一) 次の――線の**漢字の読み**を**ひらがな**で記せ。 (30) 1×30

1 秀麗な高峰を仰ぎ見る。
2 沿道からランナーに声援を送る。
3 耐震基準の見直しを進める。
4 近代教育の先駆をなした。
5 高慢な態度が人々の反感を買った。
6 決定的な瞬間を目撃した。
7 悲惨な事件が相次いだ。
8 金を含有する鉱石を選別する。
9 色彩の鮮やかな絵画だった。
10 古今東西の偉人の伝記を読む。
11 気迫において相手が勝っていた。
12 微力ながらお役に立ちたい。
13 試合は序盤から波乱含みだった。
14 天井にクモが巣を張っている。

(二) 次の――線の**カタカナ**にあてはまる漢字をそれぞれの**ア～オ**から**一つ**選び、**記号にマーク**せよ。 (30) 2×15

1 要点を**カ**条書きにする。
2 地方の名**カ**を土産に持参する。
3 休**カ**にテニスを楽しむ。
（ア 価　イ 荷　ウ 菓　エ 箇　オ 暇）

4 詩に**トウ**置法を用いる。
5 デザインの**トウ**作が疑われた。
6 **トウ**突な申し出に戸惑う。
（ア 到　イ 唐　ウ 倒　エ 踏　オ 盗）

7 **カイ**目見当がつかなかった。
8 けが人の**カイ**抱に当たる。
9 大雨による増水で堤防が決**カイ**した。
（ア 皆　イ 壊　ウ 快　エ 介　オ 解）

10 老**ソウ**の講話に耳を傾ける。
11 室内がひどく乾**ソウ**している。
12 独**ソウ**的なデザインが評価された。
（ア 総　イ 創　ウ 僧　エ 層　オ 燥）

(四) **熟語の構成**のしかたには次のようなものがある。 (20) 2×10

ア 同じような意味の漢字を重ねたもの　（**岩石**）
イ 反対または対応の意味を表す字を重ねたもの　（**高低**）
ウ 上の字が下の字を修飾しているもの　（**洋画**）
エ 下の字が上の字の目的語・補語になっているもの　（**着席**）
オ 上の字が下の字の意味を打ち消しているもの　（**非常**）

次の熟語は右の**ア～オ**のどれにあたるか、**一つ**選び、**記号にマーク**せよ。

1 尽力
2 闘志
3 雅俗
4 未婚
5 繁茂

6 出荷
7 応答
8 後輩
9 経緯
10 離脱

15 学校で避難訓練があった。
16 試験が迫り神経が過敏になる。
17 落雷で辺り一帯が停電した。
18 舞踊家を目指して精進する。
19 敵の威勢に恐れをなす。
20 何者かが侵入した形跡がある。
21 軒先を借りて雨宿りした。
22 赤い花の髪飾りが目を引く。
23 夜を日に継いで執筆する。
24 あいにく係の者は出払っております。
25 外の通りがなにやら騒がしい。
26 涙の滴がぽとりと落ちた。
27 先頭との距離が狭まった。
28 茶わんの縁が欠けている。
29 床にこぼれた豆粒を拾う。
30 ピクニックに絶好の日和となった。

13 木々が芽を**フ**き始めた。
14 着実に資産を**フ**やす。
15 肉に塩を**フ**りかける。
（ア 殖　イ 吹　ウ 噴　エ 振　オ 降）

(三) 1～5の三つの□に**共通する漢字**を入れて熟語を作れ。漢字は**ア～コ**から**一つ**選び、**記号にマーク**せよ。 (10) 2×5

1 熱□・□言・□乱
2 希□・□郷・本□
3 歓□・送□・□合
4 沈□・□認・□殺
5 波□・追□・□第

ア 望	イ 及	ウ 烈	エ 呼	オ 迎
カ 紋	キ 薄	ク 狂	ケ 黙	コ 痛

(五) 次の漢字の**部首**を**ア～エ**から**一つ**選び、**記号にマーク**せよ。 (10) 1×10

1 漫（ア 曰　イ 氵　ウ 罒　エ 又）
2 覧（ア 見　イ 臣　ウ 儿　エ 匚）
3 扇（ア 尸　イ 冫　ウ 戸　エ 羽）
4 歳（ア 厂　イ 小　ウ 戈　エ 止）
5 競（ア 立　イ 亠　ウ 儿　エ 口）
6 刺（ア 木　イ 刂　ウ 亅　エ 巾）
7 術（ア 彳　イ 小　ウ 二　エ 行）
8 恵（ア 十　イ 日　ウ 心　エ 田）
9 壱（ア 士　イ 匕　ウ 十　エ 冖）
10 顔（ア 彡　イ 頁　ウ 立　エ 目）

(六) 後の□内のひらがなを漢字に直して□に入れ、**対義語・類義語**を作れ。□内のひらがなは一度だけ使い、**答案用紙**に**一字記入**せよ。

(20) 2×10

対義語

1 親切 ― □淡
2 脱退 ― 加□
3 開放 ― □鎖
4 濁流 ― □流
5 受理 ― □下

類義語

6 隷属 ― 服□
7 筋道 ― 脈□
8 考慮 ― 思□
9 注意 ― □戒

(八) 文中の**四字熟語**の――線の**カタカナ**を**漢字**に直せ。**答案用紙**に**一字記入**せよ。

(20) 2×10

1 **一挙両トク**をねらってしくじった。
2 弟の**牛飲バ食**に目をむいた。
3 将軍の**妙計キ策**が戦況を一変させた。
4 **意志ケン固**に練習を続ける。
5 かつては**私利私ヨク**にとらわれていた。
6 **一致ダン結**して苦境に立ち向かう。
7 これまでの疑いが**ウン散霧消**した。
8 まさに王朝の**危急存ボウ**のときだった。
9 **同工イ曲**の出品作が多かった。

(十) 次の――線の**カタカナ**を**漢字**に直せ。

(40) 2×20

1 夕暮れの空が**シュ**に染まる。
2 コンサート会場は**コンザツ**していた。
3 部屋に**コウスイ**のにおいが残る。
4 虫歯の**チリョウ**に通っている。
5 男が倉庫に**カンキン**されていた。
6 左右の太鼓を**コウゴ**にたたいた。
7 並外れた**キョタイ**の力士が登場した。
8 飛行機から**バクダン**が投下された。
9 バケツを水で**マンパイ**にする。
10 新居は来月**ジョウジュン**に完成する。

10 釈明—□解

あん・きゃっ・けい・じゅう
せい・へい・べん・めい
らく・れい

(七) 次の——線のカタカナを漢字一字と送りがな(ひらがな)に直せ。 (10) 2×5

〈例〉 問題にコタエル。 答える

1 責任を逃れようとした自分をハジル。
2 友達の信頼をウシナッた。
3 ウグイスの声が春の訪れをツゲル。
4 一分一秒をアラソウ問題だ。
5 事故の状況をクワシク調べる。

10 金ジョウ鉄壁の守りを誇る。

(九) 次の各文にまちがって使われている同じ読みの漢字が一字ある。上に誤字を、下に正しい漢字を記せ。 (10) 2×5

1 大学病院で薬剤や検査用に細取した血液等を運ぶロボットが導入された。
2 樹木が害虫により大量枯死する被害が猛署や雨不足で一層深刻になった。
3 市と地域住民が協力して、集益の少ないバス路線を維持する方法を探る。
4 地球温暖化の影響で北極海の海氷面積が激減し観速史上最小になった。
5 日本の大型科学プロジェクトは与算がつかず規模縮小を余儀なくされた。

11 二つの機械がレンドウしている。
12 エンジンを組んで気勢をあげる。
13 生まれた子犬をイッピキもらう。
14 オキまで舟をこぎ出す。
15 演奏会のポスターがスり上がった。
16 メズラしく郷里の父から手紙が来た。
17 全国大会が終わって気がヌけた。
18 ねこがモノカゲから姿を現した。
19 年末年始をノゾき毎日営業する。
20 ヨワタりが下手な人だった。

▼解答は別冊22・23ページ

(一) 次の——線の**漢字の読み**を**ひらがな**で記せ。 (30) 1×30

1 慎重な態度をくずさない。
2 港に大型タンカーが停泊している。
3 辺りは静寂に包まれていた。
4 奇抜なアイディアが採用された。
5 話が脈絡を欠いている。
6 交付金の使途を明らかにする。
7 論文が学会に波紋を投じた。
8 体操競技の跳馬に出場した。
9 これまでの方針を堅持する。
10 引き出しから朱肉を取り出す。
11 介護の仕事にたずさわる。
12 後輩が事務を引きついだ。
13 水辺に浮き草が繁茂している。
14 二人はしっかりと握手を交わした。

(二) 次の——線の**カタカナ**にあてはまる漢字をそれぞれの**ア〜オ**から**一つ**選び、**記号にマーク**せよ。 (30) 2×15

1 春の**ヒ**岸に墓参した。
2 提案は**ヒ**決された。
3 心地よい**ヒ**労を感じた。
（ア 否　イ 被　ウ 避　エ 疲　オ 彼）

4 町の発展に**ジン**力した。
5 試合開始前に円**ジン**を組む。
6 検察官が証人を**ジン**問する。
（ア 尋　イ 尽　ウ 陣　エ 仁　オ 神）

7 建物が**トウ**壊するおそれがある。
8 大陸から水**トウ**耕作が伝来した。
9 **トウ**源郷を思わせる村だった。
（ア 透　イ 桃　ウ 糖　エ 稲　オ 倒）

10 ややもすれば他人に**イ**存する。
11 父親の権**イ**を示した。
12 事故の経**イ**を詳しく述べる。
（ア 偉　イ 依　ウ 威　エ 維　オ 緯）

(四) **熟語の構成**のしかたには次のようなものがある。 (20) 2×10

ア 同じような意味の漢字を重ねたもの（**岩石**）
イ 反対または対応の意味を表す字を重ねたもの（**高低**）
ウ 上の字が下の字を修飾しているもの（**洋画**）
エ 下の字が上の字の目的語・補語になっているもの（**着席**）
オ 上の字が下の字の意味を打ち消しているもの（**非常**）

次の熟語は右の**ア〜オ**のどれにあたるか、**一つ**選び、**記号にマーク**せよ。

1 謝罪
2 長幼
3 光輝
4 健脚
5 更衣
6 無為
7 厳禁
8 新鮮
9 遅刻
10 濃淡

15 塩分濃度が海水と等しい溶液を作る。
16 砲丸投げで新記録が出た。
17 感涙にむせぶばかりだった。
18 寸暇をおしんで勉学にはげむ。
19 しばらく欄干にもたれていた。
20 ご迷惑をおかけしました。
21 病気と闘いながら研究を続ける。
22 少しずつ蓄えを殖やした。
23 谷間に霧が立ちこめている。
24 展示物をていねいに扱う。
25 堤の桜が咲き始めた。
26 もっと話を煮つめる必要がある。
27 何度も失敗して気が腐った。
28 陰りのある表情が心に残った。
29 チームの勢いが鈍ってきた。
30 隣の芝生は青く見える。

13 台風が近づき海が**ア**れている。
14 教育の**ア**り方を考える。
15 わかりやすい実例を**ア**げる。
（ア 合　イ 在　ウ 挙　エ 荒　オ 開）

(三) 1〜5の三つの□に**共通する漢字**を入れて熟語を作れ。漢字は**ア〜コ**から**一つ**選び、**記号にマーク**せよ。 (10) 2×5

1 追□・普□・□第
2 末□・極□・道□
3 □戸・漁□・情報□
4 早□・就□・□績
5 別□・距□・□陸

ア 尾	イ 網	ウ 業	エ 井	オ 端
カ 速	キ 離	ク 及	ケ 姓	コ 跡

(五) 次の漢字の**部首**を**ア〜エ**から**一つ**選び、**記号にマーク**せよ。 (10) 1×10

1 老 （ア ノ　イ 匕　ウ 土　エ 耂）
2 賦 （ア 二　イ 止　ウ 貝　エ 弋）
3 尾 （ア 毛　イ 厂　ウ 二　エ 尸）
4 戒 （ア 戈　イ 弋　ウ 一　エ 廾）
5 暦 （ア 厂　イ 日　ウ 木　エ 一）
6 盤 （ア 舟　イ 又　ウ 殳　エ 皿）
7 趣 （ア 耳　イ 走　ウ 又　エ 土）
8 震 （ア 厂　イ 二　ウ 雨　エ 辰）
9 紫 （ア 糸　イ 小　ウ 止　エ 匕）
10 親 （ア 立　イ 見　ウ 目　エ 木）

(六) 後の□内のひらがなを漢字に直して□に入れ、**対義語・類義語**を作れ。□内のひらがなは一度だけ使い、**答案用紙に一字記入**せよ。

(20) 2×10

対義語

1 歓声―悲□
2 困難―容□
3 薄弱―強□
4 中断―□続
5 出発―□着

類義語

6 手本―□範
7 支度―□備
8 推量―憶□
9 釈明―□解

(八) 文中の**四字熟語**の――線の**カタカナ**を**漢字**に直せ。**答案用紙に一字記入**せよ。

(20) 2×10

1 友人を**名所キュウ跡**に案内する。
2 目先の**利害トク失**にこだわらない。
3 **真実一ロ**の人生だった。
4 優勝が決まり選手は**狂喜乱ブ**した。
5 **キ機一髪**のところで難を逃れた。
6 社長の**独断セン行**が目に余る。
7 当面は**現ジョウ維持**を目標にする。
8 他人の意見に**付和ライ同**する。
9 **創意エフウ**がこらされている。

(十) 次の――線の**カタカナ**を**漢字**に直せ。

(40) 2×20

1 海岸沿いに**サキュウ**が続く。
2 来月の**ジョウジュン**には帰国する。
3 二人の成績を**ヒカク**する。
4 長い**チンモク**を破って口を開いた。
5 明るい**シキサイ**の服を着る。
6 傷口を**セイケツ**に保つ。
7 反体制派に**ダンアツ**が加えられた。
8 毎朝七時に**キショウ**する。
9 **メンミツ**な計画を立てる。
10 両国の**ソウゴ**理解が深まった。

10 光栄―名□

い・けい・こ・じゅん
そく・とう・べん・めい
も・よ

(七) 次の――線のカタカナを漢字一字と送りがな（ひらがな）に直せ。 (10) 2×5

〈例〉 問題にコタエル。 答える

1 バラのとげが指にササル。
2 足取りもカロヤカニ歩く。
3 考える時間をアタエル。
4 弟子たちからウヤマワれている。
5 熊が冬眠からサメルころになった。

10 家族の無病ソク災を神仏に祈る。

(九) 次の各文にまちがって使われている同じ読みの漢字が一字ある。上に誤字を、下に正しい漢字を記せ。 (10) 2×5

1 長生きする人が増えた背景には生活環境の改全や医療の発達がある。
2 早朝に発生した広範位に及ぶ停電の影響で新幹線が運転を見合わせた。
3 発掘現場から人の顔をかたどった装飾の付いた土器の破辺が出土した。
4 民集の中から自然に生まれ、長い間伝承されてきた民謡は地域性が強い。
5 過重な労働や心因性のストレスなどにより心臓に大きな付担がかかる。

11 一点差をシシュして決勝戦に進んだ。
12 友のシンライを裏切る羽目になった。
13 米をタワラに詰める。
14 昨夜からの高熱もトウゲを越した。
15 部屋がキタナいと注意された。
16 公平な立場で争いをサバく。
17 仕事に追われてイソガしい。
18 ヌマで珍しい魚がつれた。
19 大きな花束をカカえている。
20 鳥がムれをなして飛ぶ。

▼解答は別冊24・25ページ

（一）

次の――線の**漢字の読み**を**ひらがな**で記せ。　(30) 1×30

1 腕力の強さを誇示する。
2 甘言に乗ってひどい目にあった。
3 人情が希薄な土地柄だった。
4 部屋にこもって黙想にふける。
5 世相を風刺した漫画を描く。
6 裁判所に提訴する決意を固めた。
7 軽率な振る舞いを恥じる。
8 太陽光発電の普及を図る。
9 新作が批評家の称賛を博した。
10 ヘリコプターで空から薬剤をまく。
11 一門から名高い歌人が輩出した。
12 序盤は両軍のにらみ合いに終始した。
13 台風が各地で猛威を振るった。
14 要求を箇条書きにする。

（二）

次の――線の**カタカナ**にあてはまる漢字をそれぞれの**ア～オ**から**一つ**選び、**記号にマーク**せよ。　(30) 2×15

1 王の墓はすでに**トウ**掘されていた。
2 多くの家屋が**トウ**壊した。
3 先例を**トウ**襲している。
（ア 到　イ 倒　ウ 逃　エ 盗　オ 踏）

4 戦**キョウ**が詳しく報じられた。
5 **キョウ**悪な犯罪が続発した。
6 **キョウ**嘆すべき演奏だった。
（ア 驚　イ 叫　ウ 況　エ 凶　オ 境）

7 会場にピアノを**ハン**入する。
8 市**ハン**の薬を服用する。
9 仕事が**ハン**忙を極める。
（ア 販　イ 繁　ウ 搬　エ 般　オ 範）

10 自分の考えを**ケン**持する。
11 医師と作家を**ケン**業している。
12 野中の一**ケン**家に住んでいる。
（ア 建　イ 堅　ウ 圏　エ 軒　オ 兼）

（四）

熟語の構成のしかたには次のようなものがある。　(20) 2×10

ア 同じような意味の漢字を重ねたもの　（**岩石**）
イ 反対または対応の意味を表す字を重ねたもの　（**高低**）
ウ 上の字が下の字を修飾しているもの　（**洋画**）
エ 下の字が上の字の目的語・補語になっているもの　（**着席**）
オ 上の字が下の字の意味を打ち消しているもの　（**非常**）

次の熟語は右の**ア～オ**のどれにあたるか、**一つ**選び、**記号にマーク**せよ。

1 首尾
2 寸劇
3 収納
4 握手
5 送迎
6 歓喜
7 脱帽
8 予告
9 不朽
10 反則

15 作戦は極秘のうちに進められた。
16 値段を聞いて仰天した。
17 ほどなくして遺稿が出版された。
18 大学で日本史を専攻する。
19 苦悩の色を隠せない。
20 一枚の写真が大きな反響を呼んだ。
21 会議の間は私語を慎む。
22 欲しかった服を買ってもらった。
23 道端に咲く草花に目がとまる。
24 先方の都合をあらかじめ伺う。
25 生徒が信頼を寄せる偉い先生だった。
26 両者はようやく矛を収めた。
27 谷川の流れに足を浸す。
28 素直に謝られて拍子抜けした。
29 洗ったシーツを乾かす。
30 秋の気配が濃くなった。

13 絵の具を水で**ト**かす。
14 獣をわなで**ト**らえた。
15 事実を伝えるために筆を**ト**った。
（ア止　イ執　ウ溶　エ説　オ捕）

(三) 1〜5の三つの□に**共通する漢字**を入れて熟語を作れ。漢字は**ア〜コ**から**一つ**選び、**記号にマーク**せよ。 (10) 2×5

1 強□・□快・富□
2 □口・□影・□陽
3 □向・情□・□味
4 □明・□度・新□
5 特□・象□・□収

ア傾　イ鮮　ウ烈　エ悪　オ豪
カ透　キ徴　ク陰　ケ異　コ趣

(五) 次の漢字の**部首**を**ア〜エ**から**一つ**選び、**記号にマーク**せよ。 (10) 1×10

1 疑（ア匕　イ矢　ウ疋　エ人）
2 敷（ア攵　イ十　ウ方　エ田）
3 盾（アノ　イ目　ウ十　エ厂）
4 突（ア宀　イ八　ウ穴　エ大）
5 翼（ア羽　イ田　ウ二　エ八）
6 柔（アノ　イ矛　ウ十　エ木）
7 避（ア辛　イ辶　ウ尸　エ口）
8 撃（ア殳　イ手　ウ車　エ又）
9 厚（ア口　イ日　ウ子　エ厂）
10 戯（ア虍　イノ　ウ戈　エ弋）

13

(六) 後の□内のひらがなを漢字に直して□に入れ、**対義語・類義語**を作れ。□内のひらがなは一度だけ使い、**答案用紙に一字記入**せよ。 (20) 2×10

対義語

1 反抗 ― 服□
2 需要 ― 供□
3 破壊 ― 建□
4 就寝 ― 起□
5 誕生 ― 永□

類義語

6 縁者 ― 親□
7 回想 ― □憶
8 看護 ― □抱
9 周到 ― 入□

(八) 文中の**四字熟語**の ―― 線の**カタカナ**を**漢字**に直せ。**答案用紙に一字記入**せよ。 (20) 2×10

1 党派が**離合集サン**を繰り返す。
2 **オン故知新**の精神を重んじる。
3 悪党を**一網打ジン**にする。
4 自説を**理ロ整然**と述べる。
5 **美辞麗ク**を連ねたスピーチだった。
6 事件は**急テン直下**、解決した。
7 **ユウ名無実**の役職が目立つ。
8 着実に**自力コウ生**の道を歩みつつある。
9 受賞の知らせに**喜色満メン**だ。

(十) 次の ―― 線の**カタカナ**を**漢字**に直せ。 (40) 2×20

1 受験の**ドウキ**を尋ねられた。
2 名人の語り口は**ゼツミョウ**だった。
3 深夜に**ソウオン**で目をさました。
4 地球は太陽系の**ワクセイ**の一つだ。
5 成績**ユウシュウ**者に賞状を授与する。
6 悲願を達成し**カンルイ**にむせぶ。
7 気難しい祖父を**ケイエン**してきた。
8 **コンキョ**のないうわさが立つ。
9 家財道具をすべて**バイキャク**した。
10 薬でウイルスの**ゾウショク**を防ぐ。

10 露見 ― 発□

かい・かく・きゅう・じゅう
しょう・せつ・つい・ねん
みん・るい

(七) 次の――線のカタカナを漢字一字と送りがな(ひらがな)に直せ。 (10) 2×5

〈例〉問題にコタエル。 答える

1 朝日に新雪がカガヤク。
2 ヤスラカナ暮らしを営んでいた。
3 湯をサマシて赤ん坊に与える。
4 先人の知恵をカリル。
5 手数料をフクメて五千円になる。

10 蔵書を二束三モンで処分した。

(九) 次の各文にまちがって使われている同じ読みの漢字が一字ある。上に誤字を、下に正しい漢字を記せ。 (10) 2×5

1 市政改革の際に新たに置かれたポストに、学識経験者数名が就認した。
2 トラックと接触したバスが県道沿いの川に落ちて多数の負障者が出た。
3 飼い主は犬を自治体に当録し狂犬病の予防注射を受けさせる義務がある。
4 平均台と跳馬を得意取目とする体操部の主将が県大会で大活躍した。
5 新郎新婦の恩師に当たる老教授が二人の前途を祝服する言葉を贈った。

11 気のゆるみはキンモツだ。
12 サッソクお礼の手紙を書いた。
13 子供をカタグルマして歩く。
14 日中はアセばむような陽気だった。
15 オし問答のあげくけんかになった。
16 援助の申し出をコトワる。
17 ウミベの遊歩道を一巡りする。
18 取り扱いに細心の注意をハラう。
19 弁護士をココロザして勉強する。
20 オクバがずきずきと痛む。

▼解答は別冊26・27ページ

13

(一) 次の——線の**漢字の読み**を**ひらがな**で記せ。 (30) 1×30

1 チームのムードが高揚している。
2 とてつもない陰謀が企てられた。
3 漂泊の旅にあこがれる。
4 敢闘をたたえて賞を授与する。
5 馬の群れが平原を疾駆する。
6 風邪をひいた母に雑炊を作る。
7 猟師が獲物をしとめた。
8 冗漫なスピーチに閉口する。
9 食糧の欠乏が憂慮される。
10 犯人の身柄が拘束された。
11 傾聴すべき意見が少なくなかった。
12 恩人の葬儀に列席する。
13 何か魂胆がありそうだ。
14 盛大な祝宴が催された。

(二) 次の——線の**カタカナ**にあてはまる漢字をそれぞれの**ア〜オ**から**一つ**選び、**記号にマーク**せよ。 (30) 2×15

1 満場一致で採**タク**された。
2 屈**タク**のない笑顔を見せる。
3 **タク**越した技術を誇る。
（ア 沢　イ 卓　ウ 択　エ 託　オ 拓）

4 社会の規**ハン**に従う。
5 河**ハン**のベンチに座る。
6 海上をヨットが**ハン**走する。
（ア 藩　イ 畔　ウ 般　エ 帆　オ 範）

7 北**ト**七星を見上げる。
8 速乾性の**ト**料を使う。
9 同志に胸中を**ト**露した。
（ア 塗　イ 渡　ウ 吐　エ 徒　オ 斗）

10 **チン**痛剤を服用する。
11 相手側に**チン**謝を迫った。
12 安い**チン**金で長時間働いた。
（ア 賃　イ 陳　ウ 沈　エ 鎮　オ 珍）

(四) **熟語の構成**のしかたには次のようなものがある。 (20) 2×10

ア 同じような意味の漢字を重ねたもの　（**岩石**）
イ 反対または対応の意味を表す字を重ねたもの　（**高低**）
ウ 上の字が下の字を修飾しているもの　（**洋画**）
エ 下の字が上の字の目的語・補語になっているもの　（**着席**）
オ 上の字が下の字の意味を打ち消しているもの　（**非常**）

次の熟語は右の**ア〜オ**のどれにあたるか、**一つ**選び、**記号にマーク**せよ。

1 栄辱
2 遠征
3 投獄
4 点滅
5 鶏卵
6 隠匿
7 蛮行
8 不沈
9 撮影
10 波浪

15 審美眼の確かさには定評がある。
16 朝食に納豆を食べる。
17 二人の境遇はまるで異なっていた。
18 違反者を容赦なく罰する。
19 職務に守秘義務が付随する。
20 彼女は人生の岐路に立っていた。
21 人に恨まれるおぼえはない。
22 尊敬するおじを師と慕う。
23 石板に彫られた古代文字を解読する。
24 憩いのひとときを過ごす。
25 いくら脅されても屈しなかった。
26 ボートが浅瀬に乗り上げた。
27 又聞きの話で当てにならない。
28 バイオリンの甘美な調べに酔う。
29 一生かけて学問を究める決意をした。
30 足袋の製造販売を手がける。

13 ごみの山に**ウ**もれている。
14 家の改築を**ウ**け負う。
15 父の敵を**ウ**った。
（ア 討　イ 請　ウ 植　エ 生　オ 埋）

(三) 1～5の三つの□に**共通する漢字**を入れて熟語を作れ。漢字は**ア～コ**から**一つ**選び、**記号にマーク**せよ。 (10) 2×5

1 □発・土□・□数
2 □母・□雨・□愛
3 □装・店□・□道
4 起□・□線・潜□
5 突□・一□・縦□

ア 源　イ 伏　ウ 偶　エ 如　オ 酵
カ 啓　キ 舗　ク 貫　ケ 慈　コ 塗

(五) 次の漢字の**部首**を**ア～エ**から**一つ**選び、**記号にマーク**せよ。 (10) 1×10

1 勘（ア 力　イ 匚　ウ 甘　エ 儿）
2 衡（ア 里　イ 行　ウ 亅　エ 彳）
3 看（ア 手　イ ノ　ウ 目　エ 二）
4 章（ア 立　イ 亠　ウ 日　エ 十）
5 彩（ア 䒑　イ 彡　ウ 爫　エ 木）
6 掃（ア 巾　イ 丨　ウ 冖　エ 扌）
7 老（ア 匕　イ 土　ウ 耂　エ ノ）
8 企（ア 止　イ ト　ウ 人　エ 一）
9 楼（ア 十　イ 米　ウ 女　エ 木）
10 房（ア 一　イ 戸　ウ 方　エ 尸）

㈥ 後の□内のひらがなを漢字に直して□に入れ、**対義語・類義語**を作れ。□内のひらがなは一度だけ使い、**答案用紙に一字記入**せよ。

(20) 2×10

対義語

1 実像 ― □像
2 丁重 ― 粗□
3 希薄 ― □密
4 郊外 ― □心
5 愛護 ― 虐□

類義語

6 怠慢 ― □着
7 名残 ― □情
8 形見 ― □品
9 重体 ― □篤

㈧ 文中の**四字熟語**の――線の**カタカナ**を**漢字**に直せ。**答案用紙に二字記入**せよ。

(20) 2×10

1 **ゼンジン未到**の偉業を達成した。
2 **キョウテン動地**の大事故が起きた。
3 党内が**シブン五裂**の状態になった。
4 **コウシ混同**の発言を慎む。
5 **メイロウ快活**な人柄に好感を抱く。
6 **活殺ジザイ**に部下を動かす。
7 政党の**離合シュウサン**が著しい。
8 試合に臨む選手を**鼓舞ゲキレイ**する。
9 **一挙リョウトク**をもくろんでいた。

㈩ 次の――線の**カタカナ**を**漢字**に直せ。

(40) 2×20

1 積極的に**オウベイ**文化を摂取した。
2 床上**シンスイ**の被害を受けた。
3 考え方が**ヨウチ**だと笑われた。
4 煙に巻かれて**チッソク**しそうだった。
5 **トウナン**に遭った名画が発見された。
6 周囲から**ギワク**の目で見られる。
7 既に**モホウ**の域を脱している。
8 **テイオウ**の地位は盤石だった。
9 **ニチボツ**の時間が迫っていた。
10 試合の**シュウリョウ**を告げる。

10 阻害 ― □魔

い・おう・き・きょ
じゃ・たい・と・のう
よ・りゃく

(七) 次の――線のカタカナを漢字一字と送りがな(ひらがな)に直せ。 (10) 2×5

〈例〉 問題にコタエル。 答える

1 数々のカガヤカシイ経歴を持つ。
2 大雪が交通をサマタゲル。
3 リーダーの命令にサカラッた。
4 観光収入が町をウルオス。
5 ひもで固くユワエた。

10 天下ムソウの剣客として世に知られる。
11 気晴らしにハンカガイを歩き回った。
12 カクウの物語を実話と思っていた。
13 テサグりでポケットの小銭をさがす。
14 野望はもろくもクズれた。
15 転んでスり傷ができた。
16 ワギりにした大根を煮る。
17 ボールは弧をエガいて飛んでいった。
18 マコトを尽くして友に忠告する。
19 信念がユらぐことはなかった。
20 モヨりの駅で出迎える。

(九) 次の各文にまちがって使われている同じ読みの漢字が一字ある。上に誤字を、下に正しい漢字を記せ。 (10) 2×5

1 風力発電施設の健設計画は渡り鳥の衝突が多いことを理由に中止された。
2 新しい子育て支援制度が始まり保育所に入所できる要軒が緩和された。
3 ベトナム人留学生が日本の絵本を母語に翻訳し、本国で出般した。
4 若手棋士との対局で、助盤では優勢と見えた名人が思わぬ苦杯を喫した。
5 耕作が放棄された田畑を制備し、村が貸し農園として広く一般に提供する。

▼解答は別冊28・29ページ

3級

漢検

日本漢字能力検定　答案用紙

注意点がうらにありますので、よく読んでから解答してください。

㈠・㈥～㈩は記述式、㈡～㈤はマーク方式です。

㈡～㈤の答えは該当する ␣ に一つだけマークしてください。

この用紙をおりまげたり、よごしたりしないでください。

性別	生年月日
男 ␣	西暦 ＿＿＿＿年 ＿＿月 ＿＿日　※印字されていない場合は、□の中に生年月日を記入。<記入例> 生年月日が2001年（平成13年）1月1日なら 2001年01月01日
女 ␣	訂正 ␣　西暦 ＿＿＿＿年 ＿＿月 ＿＿日　※生年月日に誤りがある場合、訂正 ␣ にマークし、▒の中に正しい生年月日を記入。

マーク記入例

○のように ␣ をきれいにぬりつぶしてください。　○ ▮　×

ご記入いただきました個人情報は、当協会の検定にかかわる業務にのみ使用します。

（ただし、検定にかかわる業務に際し、業務提携会社に作業を委託する場合があります。）

ご記入いただきました個人情報にかかわるお問い合わせは、下記までお願いします。

（公財）日本漢字能力検定協会　https://www.kanken.or.jp/privacy/

㈠ 読み (30)

11	10	9	8	7	6	5	4	3	2	1

1 ×30

㈡ 同音・同訓異字 (30)

11	10	9	8	7	6	5	4	3	2	1
ア イ ウ エ オ	ア イ ウ エ オ	ア イ ウ エ オ	ア イ ウ エ オ	ア イ ウ エ オ	ア イ ウ エ オ	ア イ ウ エ オ	ア イ ウ エ オ	ア イ ウ エ オ	ア イ ウ エ オ	ア イ ウ エ オ

2 ×15

㈣ 熟語の構成 (20)

7	6	5	4	3	2	1
ア イ ウ エ オ	ア イ ウ エ オ	ア イ ウ エ オ	ア イ ウ エ オ	ア イ ウ エ オ	ア イ ウ エ オ	ア イ ウ エ オ

2 ×10

〈悪い例〉　※〈良い例〉のように ␣ をきれいにぬりつぶしてください。

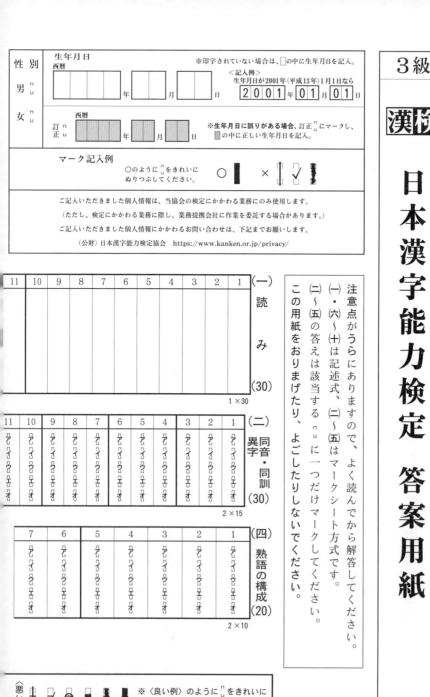

会場番号	会場名	受検番号	氏名	ふりがな	訂正
0 1 2 3 4 5 6 7 8 9 (×7)		0 1 2 3 4 5 6 7 8 9 (×6)	※印字されていない場合は氏名を記入。		※氏名に誤りがある場合、右上の訂正にマークし、正しい氏名を記入。

30	29	28	27	26	25	24	23	22	21	20	19	18	17	16	15	14	13	12

(三) 漢字識別 (10)

5	4	3	2	1
カ キ ク ケ コ / ア イ ウ エ オ	カ キ ク ケ コ / ア イ ウ エ オ	カ キ ク ケ コ / ア イ ウ エ オ	カ キ ク ケ コ / ア イ ウ エ オ	カ キ ク ケ コ / ア イ ウ エ オ

2 × 5

15	14	13	12
ア イ ウ エ オ	ア イ ウ エ オ	ア イ ウ エ オ	ア イ ウ エ オ

(五) 部首 (10)

10	9	8	7	6	5	4	3	2	1
ア イ ウ エ	ア イ ウ エ	ア イ ウ エ	ア イ ウ エ	ア イ ウ エ	ア イ ウ エ	ア イ ウ エ	ア イ ウ エ	ア イ ウ エ	ア イ ウ エ

1 ×10

10	9	8
ア イ ウ エ オ	ア イ ウ エ オ	ア イ ウ エ オ

マーク記入方法	□の上から下までＨＢ・Ｂ・２Ｂの鉛筆またはシャープペンシルできれいにぬりつぶしてください。 間違ってマークしたものは鉛筆の黒いあとが残らないように消しゴムできれいに消してください。
マーク記入注意	次のような解答は機械が正しく読み取らず、無効となりますのでご注意ください。 ボールペンでのマーク・うすいマーク・□からはみ出ているマーク・□を２つ以上ぬりつぶしているマーク

マーク記入例	アが正解	〈良い例〉

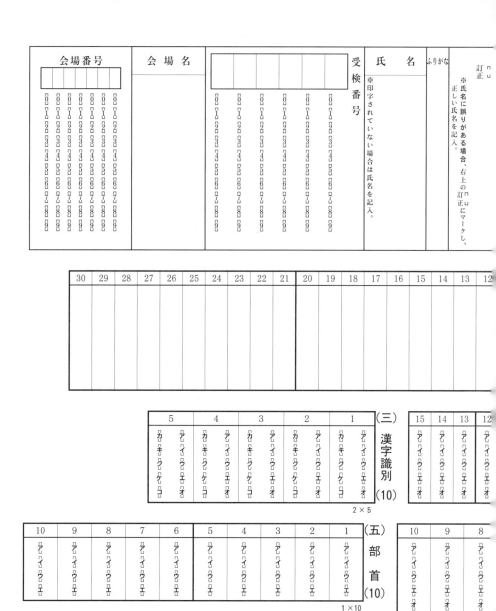

(六) 対義語・類義語 (20)

1	2	3	4	5	6	7	8	9	10

2×10

(七) 漢字と送りがな (10)

1	2

2×5

(八) 四字熟語 (20)

1	2	3	4	5	6	7	8	9	10

2×10

(九) 誤字訂正 (10)

	1
誤	
正	

2×5

(十) 書き取り (40)

1	2	3	4	5	6	7	8	9	10	11	12	13

2×20

しないでください。答えが書けなくても必ず提出してください。

誤答となることがありますので、ご注意ください。

〔注　意　点〕

① 答えはすべてこの用紙に書きなさい。
② あいずがあるまで、はじめてはいけません。(時間は**60分**です。)
③ 問題についての説明はありませんので、問題をよく読んでから答えを書きなさい。
④ 答えは、ＨＢ・Ｂ・２Ｂの鉛筆またはシャープペンシルで書きなさい。(**ボールペンや万年筆等は使用しないこと**)
⑤ 答えは、**楷《かい》書**でわく内いっぱいに**大きくはっきり**書きなさい。
とくに漢字の**書き取り問題**では**はねるところ・とめるところ**など、はっきり書きなさい。
行書体や草書体のようにくずした字や、乱雑な字は**検定の対象**にはなりません。

〈続けて書いてはいけないところ〉
例 ○糸－×糸・○灬－×灬・○口－×口

△合否その他に関する問い合わせにはいっさい応じられません。
(公財) 日本漢字能力検定協会

5	4	3

5	4	3	2

20	19	18	17	16	15	14

これより下は記入しないこと。

年度　0 1 2 3 4 5 6 7 8 9

回 日程 級　0 1 2 3 4 5 6 7 8 9 A B C D E F G H I J N O P Q R S T U V W

この用紙はおりまげたり、よごしたり

乱雑な字や、うすくて読みにくい字は

常用漢字表 付表（熟字訓・当て字など）

＊小・中・高：小学校・中学校・高等学校のどの時点で学習するかの割り振りを示した。
※以下に挙げられている語を構成要素の一部とする熟語に用いてもかまわない。
例「河岸（かし）」→「魚河岸（うおがし）」／「居士（こじ）」→「一言居士（いちげんこじ）」

付表1

語	読み	小	中	高
明日	あす	●		
小豆	あずき		●	
海女・海士	あま			●
硫黄	いおう		●	
意気地	いくじ		●	
田舎	いなか		●	
息吹	いぶき			●
海原	うなばら		●	
乳母	うば		●	
浮気	うわき			●
浮つく	うわつく		●	
笑顔	えがお		●	
叔父・伯父	おじ		●	
大人	おとな	●		
乙女	おとめ		●	
叔母・伯母	おば		●	
お巡りさん	おまわりさん		●	
お神酒	おみき			●
母屋・母家	おもや			●
母さん	かあさん	●		
神楽	かぐら			●
河岸	かし			●
鍛冶	かじ		●	
風邪	かぜ		●	
固唾	かたず		●	
仮名	かな		●	
蚊帳	かや			●
為替	かわせ		●	
河原・川原	かわら	●		
昨日	きのう	●		
今日	きょう	●		
果物	くだもの	●		
玄人	くろうと			●
今朝	けさ	●		
景色	けしき	●		
心地	ここち		●	

語	読み	小	中	高
居士	こじ			●
今年	ことし	●		
早乙女	さおとめ		●	
雑魚	ざこ			●
桟敷	さじき			●
差し支える	さしつかえる		●	
五月	さつき		●	
早苗	さなえ		●	
五月雨	さみだれ		●	
時雨	しぐれ		●	
尻尾	しっぽ		●	
竹刀	しない		●	
老舗	しにせ		●	
芝生	しばふ		●	
清水	しみず	●		
三味線	しゃみせん		●	
砂利	じゃり		●	

語	読み	小	中	高
数珠	じゅず			●
上手	じょうず	●		
白髪	しらが		●	
素人	しろうと			●
師走	しわす(しはす)			●
数寄屋・数奇屋	すきや			●
相撲	すもう		●	
草履	ぞうり		●	
山車	だし			●
太刀	たち		●	
立ち退く	たちのく		●	
七夕	たなばた	●		
足袋	たび		●	
稚児	ちご			●
一日	ついたち	●		
築山	つきやま			●
梅雨	つゆ		●	

語	読み	小	中	高
凸凹	でこぼこ		●	
手伝う	てつだう	●		
伝馬船	てんません			●
投網	とあみ			●
父さん	とうさん	●		
十重二十重	とえはたえ			●
読経	どきょう			●
時計	とけい	●		
友達	ともだち	●		
仲人	なこうど			●
名残	なごり		●	
雪崩	なだれ		●	
兄さん	にいさん	●		
姉さん	ねえさん	●		
野良	のら			●
祝詞	のりと			●
博士	はかせ	●		

語	読み	小	中	高
二十・二十歳	はたち		●	
二十日	はつか	●		
波止場	はとば		●	
一人	ひとり	●		
日和	ひより		●	
二人	ふたり	●		
二日	ふつか	●		
吹雪	ふぶき		●	
下手	へた	●		
部屋	へや	●		
迷子	まいご	●		
真面目	まじめ	●		
真っ赤	まっか	●		
真っ青	まっさお	●		
土産	みやげ		●	
息子	むすこ		●	
眼鏡	めがね	●		

語	読み	小	中	高
猛者	もさ			●
紅葉	もみじ		●	
木綿	もめん		●	
最寄り	もより		●	
八百長	やおちょう			●
八百屋	やおや	●		
大和	やまと		●	
弥生	やよい		●	
浴衣	ゆかた			●
行方	ゆくえ		●	
寄席	よせ			●
若人	わこうど		●	

語	読み	小	中	高
愛媛	えひめ	●		
茨城	いばらき	●		
岐阜	ぎふ	●		
鹿児島	かごしま	●		
滋賀	しが	●		
宮城	みやぎ	●		
神奈川	かながわ	●		
鳥取	とっとり	●		
大阪	おおさか	●		
富山	とやま	●		
大分	おおいた	●		
奈良	なら	●		

都道府県名

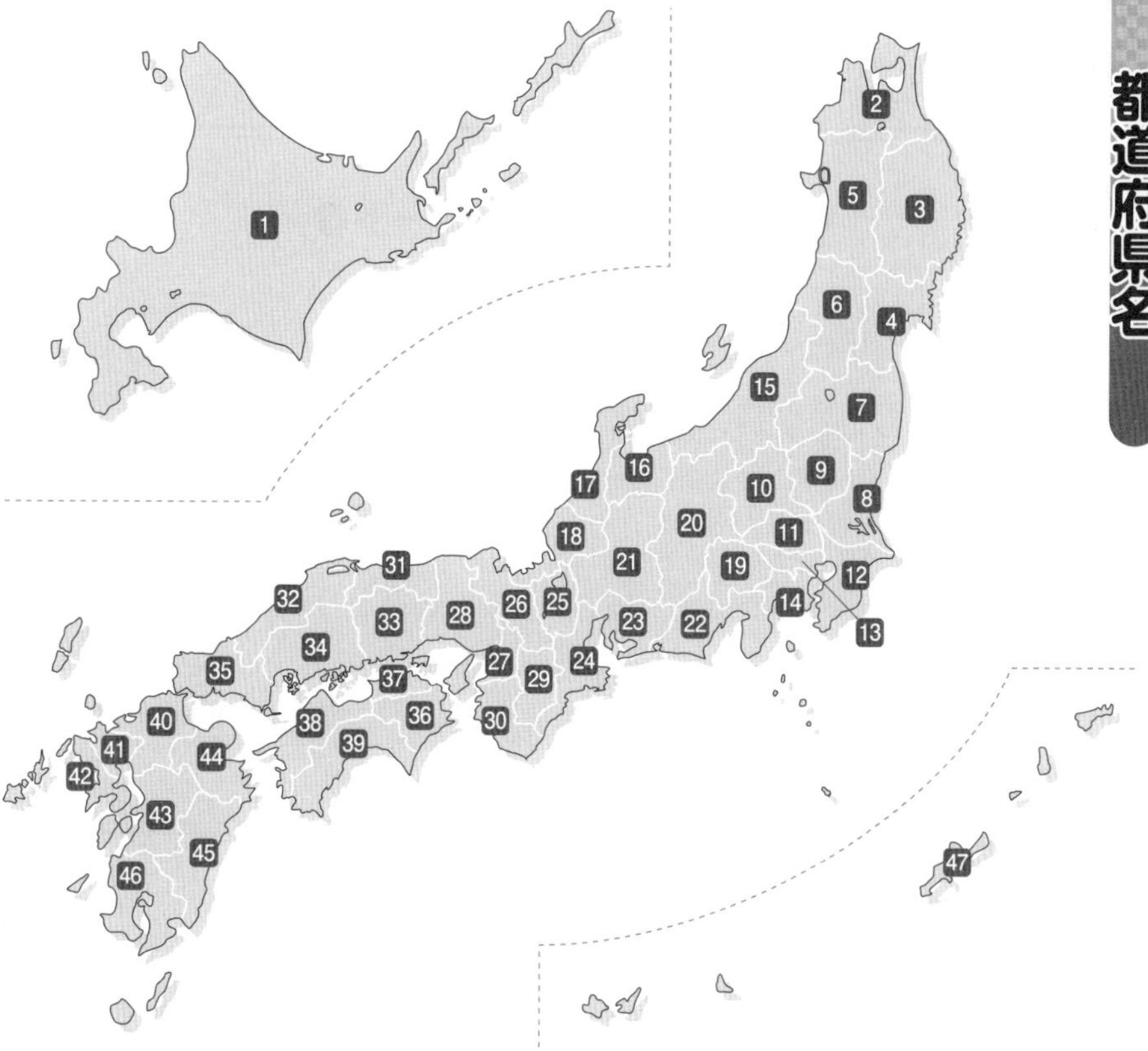

1	2	3	4	5	6	7	8	9	10	11	12	13	14	15	16
北海道《ほっかいどう》	青森県《あおもりけん》	岩手《いわて》県	宮城《みやぎ》県	秋田《あきた》県	山形《やまがた》県	福島《ふくしま》県	茨城《いばらき》県	栃木《とちぎ》県	群馬《ぐんま》県	埼玉《さいたま》県	千葉《ちば》県	東京都《とうきょうと》	神奈川《かながわ》県	新潟《にいがた》県	富山《とやま》県

17	18	19	20	21	22	23	24	25	26	27	28	29	30	31	32
石川《いしかわ》県	福井《ふくい》県	山梨《やまなし》県	長野《ながの》県	岐阜《ぎふ》県	静岡《しずおか》県	愛知《あいち》県	三重《みえ》県	滋賀《しが》県	京都府《きょうとふ》	大阪《おおさか》府	兵庫《ひょうご》県	奈良《なら》県	和歌山《わかやま》県	鳥取《とっとり》県	島根《しまね》県

33	34	35	36	37	38	39	40	41	42	43	44	45	46	47
岡山《おかやま》県	広島《ひろしま》県	山口《やまぐち》県	徳島《とくしま》県	香川《かがわ》県	愛媛《えひめ》県	高知《こうち》県	福岡《ふくおか》県	佐賀《さが》県	長崎《ながさき》県	熊本《くまもと》県	大分《おおいた》県	宮崎《みやざき》県	鹿児島《かごしま》県	沖縄《おきなわ》県

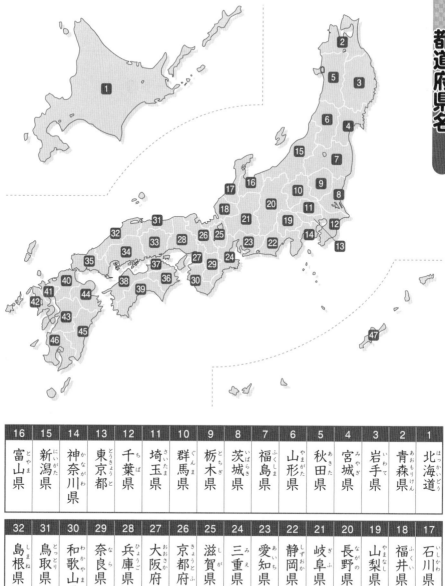

●本書に関するアンケート●

今後の出版事業に役立てたいと思いますので、アンケートにご協力ください。抽選《ちゅうせん》で粗品《そしな》をお送りします。

◆PC・スマートフォンの場合

下記URL、または二次元コードから回答画面に進み、画面の指示に従ってお答えください。

https://www.kanken.or.jp/kanken/textbook/past.html

◆愛読者カード（ハガキ）の場合

本書挟《はさ》み込みのハガキに切手を貼《は》り、お送りください。

漢検 4級 過去問題集

2024年3月25日　第1版第2刷　発行
編　者　公益財団法人 日本漢字能力検定協会
発行者　山崎　信夫
印刷所　大日本印刷株式会社

発行所　公益財団法人 日本漢字能力検定協会
〒605-0074 京都市東山区祇園町南側551番地
☎(075)757-8600
ホームページhttps://www.kanken.or.jp/

Printed in Japan
ISBN978-4-89096-491-8 C0081
乱丁・落丁本はお取り替えいたします。

公益財団法人 日本漢字能力検定協会

漢検

漢検 過去問題集 4級

標準解答

目次

別冊

本体からはなしてお使いください。

漢検 公益財団法人 日本漢字能力検定協会

700491 (1-2)

㈠ 読み (30) 1×30

1	2	3	4	5	6	7	8	9	10	11	12	13	14	15	16	17
そくせき	しょうち	いこう	しょばつ	えんにち	ひがん	かんぱい	らんかん	もはん	すんか	ひたん	かんしゅう	とうくつ	たさい	かじょう	とうし	あくしゅ

㈡ 同音・同訓異字 (30) 2×15

合格者平均得点 26.9／30

1	2	3	4	5	6	7	8	9	10	11	12	13	14	15
イ 捕	エ 補	オ 舗	イ 皆	オ 壊	ア 介	ア 紫	エ 刺	イ 旨	ウ 吐	オ 途	ア 渡	エ 在	ウ 荒	ア 挙

㈣ 熟語の構成 (20) 2×10

合格者平均得点 15.9／20

1	2	3	4	5	6	7	8	9	10
イ	ウ	オ	ア	エ	ア	ウ	エ	イ	ウ

㈥ 対義語・類義語 (20) 2×10

合格者平均得点 16.7／20

1	2	3	4	5	6	7	8	9	10
老	床	絶	参	冷	栄	絡	皮	回	弁

㈧ 四字熟語 (20) 2×10

合格者平均得点 14.7／20

1	2	3	4	5	6	7	8	9	10
汚	是	面	天	文	刀	髪	品	分	実

㈩ 書き取り (40) 2×20

1	2	3	4	5	6	7	8	9	10	11	12
納税	語尾	退屈	漫画	打倒	歓迎	兼任	省略	濃密	溶岩	陰気	効果

合格者平均得点 26.6/30

30	29	28	27	26	25	24	23	22	21	20	19	18
たけ	つぶ	たよ	つ	おと	かたむ	と	こよみ	しずく	てぜま	らんぶ	ひょうし	とうてい

合格者平均得点 9.0/10

5	4	3	2	1
ア 網	ケ 徴	オ 脂	コ 沈	ウ 載

2×5

合格者平均得点 8.1/10

10	9	8	7	6	5	4	3	2	1
イ 行	エ 殳	イ 大	エ 戸	ア 虫	ウ 巾	ア 隶	ウ 夂	ア 貝	エ ⻗

1×10

合格者平均得点 7.2/10

5	4	3	2	1
拝む	占っ	導く	震え	軽やかな

2×5

合格者平均得点 7.1/10

5	4	3	2	1	
苦	財	飛	使	植	誤
駆	済	比	指	殖	正

2×5

学習日　月　日　／200

合格者平均得点 29.6/40

20	19	18	17	16	15	14	13
押	針	率	召	幾	編	器	極

4級 試験問題 2 標準解答【本冊20～23ページ】

(一) 読み (30) 1×30

1	2	3	4	5	6	7	8	9	10	11	12	13	14	15	16	17
えっとう	じゅれい	たんねん	ちえ	どうせい	ばきゃく	けいかい	ちんじゅう	くのう	そくざ	たんれい	こちょう	かいもく	すんか	きい	とうたつ	びび

(二) 同音・同訓異字 (30) 2×15

合格者平均得点 27.1／30

1	2	3	4	5	6	7	8	9	10	11	12	13	14	15
ウ 巨	イ 去	ア 拠	オ 透	ウ 盗	ア 踏	ウ 騒	エ 操	イ 僧	オ 肪	エ 冒	イ 帽	イ 採	エ 泊	ウ 執

(四) 熟語の構成 (20) 2×10

合格者平均得点 15.0／20

1	2	3	4	5	6	7	8	9	10
イ	エ	ア	イ	ウ	ア	ウ	ア	オ	エ

(六) 対義語・類義語 (20) 2×10

合格者平均得点 15.3／20

1	2	3	4	5	6	7	8	9	10
悲	熟	致	純	延	風	占	格	是	得

(八) 四字熟語 (20) 2×10

合格者平均得点 15.0／20

1	2	3	4	5	6	7	8	9	10
言	汚	刻	読	玉	旧	状	打	段	沈

(十) 書き取り (40) 2×20

1	2	3	4	5	6	7	8	9	10	11	12
和菓子	水滴	雷雲	普通	噴火	省略	看板	加減	瞬間	展示	惑星	唐突

合格者平均得点 27.2/30

30	29	28	27	26	25	24	23	22	21	20	19	18
むすこ	たけ	かたむ	たず	わた	がら	つつみ	かどで	にぶ	つ	へきめん	こんれい	もうれつ

合格者平均得点 8.7/10

5	4	3	2	1
ア	キ	カ	エ	オ
殖	謡	腕	弾	漫

2×5

合格者平均得点 8.1/10

10	9	8	7	6	5	4	3	2	1
ア	エ	ウ	イ	ウ	エ	ア	イ	ア	エ
石	宀	衣	月	罒	心	頁	尸	至	殳

1×10

合格者平均得点 6.7/10

5	4	3	2	1
授ける	争っ	枯れる	鮮やかに	築か

2×5

合格者平均得点 7.1/10

5	4	3	2	1	
専	憲	述	進	留	誤
先	権	術	真	流	正

2×5

学習日　月　日

／200

合格者平均得点 29.6/40

20	19	18	17	16	15	14	13
霧	遅	触	軒並	経	朽	呼	導

(一) 読み (30) 1×30

1	2	3	4	5	6	7	8	9	10	11	12	13	14	15	16	17
へきが	こうりょう	ようし	ふしょく	きはく	せいじゃく	あくりょく	せんす	しゅうとう	きそ	ようしょく	ひっち	わんしょう	もくさつ	きしゅう	しゅんかん	こうき

(二) 同音・同訓異字 (30) 2×15

合格者平均得点 26.9 / 30

1	2	3	4	5	6	7	8	9	10	11	12	13	14	15
ウ 叫	イ 驚	オ 供	ウ 快	イ 戒	ア 介	イ 亡	ウ 傍	ア 冒	オ 彼	ウ 被	エ 否	エ 跳	ア 恥	オ 吐

(四) 熟語の構成 (20) 2×10

合格者平均得点 15.4 / 20

1	2	3	4	5	6	7	8	9	10
ア	エ	ウ	オ	イ	エ	イ	ア	ウ	イ

(六) 対義語・類義語 (20) 2×10

合格者平均得点 16.2 / 20

1	2	3	4	5	6	7	8	9	10
設	却	眠	則	暴	巨	肉	類	将	想

(八) 四字熟語 (20) 2×10

合格者平均得点 14.1 / 20

1	2	3	4	5	6	7	8	9	10
豊	床	剣	燥	心	方	秋	足	極	退

(十) 書き取り (40) 2×20

1	2	3	4	5	6	7	8	9	10	11	12
婚約	屈折	志望	密接	威勢	帽子	図鑑	維持	先輩	距離	応援	存在

18	19	20	21	22	23	24	25	26	27	28	29	30
けいしゃ	すいそう	こし	と	くも	なや	め	こ	く	なまり	え	めずら	しばふ

合格者平均得点 27.0/30

1	2	3	4	5
ク	コ	オ	キ	カ
丈	称	罰	範	豪

2×5

合格者平均得点 9.4/10

1	2	3	4	5	6	7	8	9	10
ア	イ	エ	ア	エ	ウ	イ	ウ	イ	エ
彡	舛	辛	月	攵	穴	尸	阝	走	立

1×10

合格者平均得点 7.8/10

1	2	3	4	5
甘やかさ	捕まえ	脱げる	群がっ	易しい

2×5

合格者平均得点 7.0/10

	1	2	3	4	5
誤	技	制	英	買	宣
正	義	製	営	売	専

2×5

合格者平均得点 7.0/10

13	14	15	16	17	18	19	20
困	欲	飾	雨宿	米粒	空似	飼	峠

合格者平均得点 30.5/40

学習日　月　日

/200

(一) 読み (30) 1×30

1	でんどう
2	みんぞく
3	とうこう
4	せっぱく
5	ごくひ
6	うか
7	りゅうし
8	しんがい
9	ないじゅ
10	しゅうめい
11	てんぽ
12	せんめい
13	ぎきょく
14	もうじゅう
15	しゅうねん
16	じゅんし
17	ちゅうけい

(二) 同音・同訓異字 (30) 2×15

合格者平均得点 27.8 / 30

番号	記号	漢字
1	オ	歓
2	エ	甘
3	ア	乾
4	オ	緯
5	エ	維
6	イ	易
7	ア	鼓
8	オ	枯
9	ウ	誇
10	イ	朱
11	ア	趣
12	エ	種
13	ウ	澄
14	オ	済
15	ア	透

(四) 熟語の構成 (20) 2×10

合格者平均得点 15.6 / 20

1	イ
2	エ
3	ウ
4	イ
5	ア
6	エ
7	ア
8	オ
9	ウ
10	ウ

(六) 対義語・類義語 (20) 2×10

合格者平均得点 16.4 / 20

1	洋
2	防
3	面
4	停
5	詳
6	他
7	治
8	突
9	担
10	難

(八) 四字熟語 (20) 2×10

合格者平均得点 13.5 / 20

1	覧
2	器
3	転
4	里
5	棒
6	金
7	未
8	沈
9	火
10	矛

(十) 書き取り (40) 2×20

1	派遣
2	握力
3	皆無
4	離婚
5	車窓
6	絶叫
7	先輩
8	妙
9	独占
10	演奏
11	浮上
12	署名

18	19	20	21	22	23	24	25	26	27	28	29	30
とう	ちえ	りくつ	こ	お	ふ	くさ	たけ	なみだ	あみ	ほま	こよみ	もよ

合格者平均得点 26.9／30

1	2	3	4	5
コ 抜	ア 盤	キ 弾	エ 露	オ 陣

2×5

合格者平均得点 8.9／10

1	2	3	4	5	6	7	8	9	10
イ 攵	ア 夂	エ 目	エ 罒	ア 口	エ 廴	イ 血	ウ 大	ウ 疒	ア 斗

1×10

合格者平均得点 8.2／10

1	2	3	4	5
生える	仰い	含め	険しい	比べる

2×5

合格者平均得点 7.5／10

	1	2	3	4	5
誤	頼	確	件	支	管
正	来	格	検	指	感

2×5

合格者平均得点 7.3／10

13	14	15	16	17	18	19	20
鈍	幅	破	傷口	米俵	沿	渡	鋭

合格者平均得点 30.3／40

学習日 月 日

／200

(一) 読み (30)

1	2	3	4	5	6	7	8	9	10	11	12	13	14	15	16	17
しょうこ	げんかん	のうたん	あっとう	こうせい	みゃくらく	こし	かよう	とってい	てんじょう	ふきゅう	きさい	そうこう	ぜんと	とうげんきょう	れっか	とうしゅう

1×30

(二) 同音・同訓異字 (30)

合格者平均得点 26.5/30

1	2	3	4	5	6	7	8	9	10	11	12	13	14	15
エ 搬	イ 般	ウ 販	イ 傾	オ 系	エ 恵	ウ 潮	ア 徴	オ 跳	ア 指	オ 脂	イ 雌	ウ 添	イ 反	ア 染

2×15

(四) 熟語の構成 (20)

合格者平均得点 14.9/20

1	2	3	4	5	6	7	8	9	10
イ	ウ	イ	オ	ウ	エ	ア	イ	エ	ア

2×10

(六) 対義語・類義語 (20)

合格者平均得点 16.4/20

1	2	3	4	5	6	7	8	9	10
沈	借	豊	念	臨	剣	推	路	熱	列

2×10

(八) 四字熟語 (20)

合格者平均得点 14.2/20

1	2	3	4	5	6	7	8	9	10
鬼	味	針	今	投	論	欲	志	驚	里

2×10

(十) 書き取り (40)

1	2	3	4	5	6	7	8	9	10	11	12
光沢	規則	完結	上旬	建築	水滴	頭痛	一杯	永眠	丈夫	追跡	豆腐

2×20

18	19	20	21	22	23	24	25	26	27	28	29	30
けんむ	ごうう	だげき	となり	ふ	ほこさき	うかが	たよ	こわ	いく	はか	つ	し

合格者平均得点 27.2/30

1	2	3	4	5
ケ 殿	オ 妙	ク 吹	イ 惨	ウ 腕

2×5

合格者平均得点 8.4/10

1	2	3	4	5	6	7	8	9	10
イ 阝	エ 广	ウ 彡	エ 日	イ 行	ア 舟	ウ 衣	ア 豸	ウ 雨	ア 隶

1×10

合格者平均得点 8.1/10

1	2	3	4	5
失っ	攻める	難しく	荒れる	盗ま

2×5

合格者平均得点 7.7/10

	1	2	3	4	5
誤	互	定	害	確	使
正	護	程	外	革	視

2×5

合格者平均得点 7.7/10

13	14	15	16	17	18	19	20
門構	練	畳	鈍	斜	値札	捕	叫

合格者平均得点 29.9/40

学習日 月 日

/200

(一) 読み (30) 1×30

1	2	3	4	5	6	7	8	9	10	11	12	13	14	15	16	17
ないじゅ	いっしゅん	りりく	にゅうわ	じゅし	そうげい	しゅし	ぜんと	たいねつ	ばつぐん	しゅうれい	かいきん	ていしょく	どくぜつ	てんじょう	まんぜん	のうたん

(二) 同音・同訓異字 (30) 2×15

合格者平均得点 27.4／30

1	2	3	4	5	6	7	8	9	10	11	12	13	14	15
ウ	イ	エ	イ	ア	オ	ウ	ア	オ	エ	ア	オ	ウ	オ	エ
致	恥	遅	陰	隠	印	暇	菓	箇	盛	姓	征	降	振	吹

(四) 熟語の構成 (20) 2×10

合格者平均得点 15.4／20

1	2	3	4	5	6	7	8	9	10
ア	ウ	イ	ア	エ	ア	オ	ウ	エ	イ

(六) 対義語・類義語 (20) 2×10

合格者平均得点 15.1／20

1	2	3	4	5	6	7	8	9	10
猛	弱	末	追	鈍	混	匹	護	防	基

(八) 四字熟語 (20) 2×10

合格者平均得点 14.5／20

1	2	3	4	5	6	7	8	9	10
疑	妙	飛	開	歴	難	欠	火	沈	転

(十) 書き取り (40) 2×20

1	2	3	4	5	6	7	8	9	10	11	12
雷雨	簡潔	爆弾	宿泊	綿密	交互	名誉	祖先	微力	水彩画	遠慮	露天

30	29	28	27	26	25	24	23	22	21	20	19	18
おき	かみかざ	おごそ	か	ふる	なげ	おおづ	わた	そむ	えんがわ	いやく	えいみん	たいきけん

合格者平均得点 27.0/30

5	4	3	2	1
コ 罰	イ 拍	ア 占	エ 鑑	ケ 斜

2×5

合格者平均得点 9.0/10

10	9	8	7	6	5	4	3	2	1
ウ 頁	イ 口	ア 山	イ 艹	ア 尸	ウ 舛	エ 月	イ 戈	ウ 疒	エ 亻

1×10

合格者平均得点 8.4/10

5	4	3	2	1
優れ	頼もしい	養う	甘える	閉ざさ

2×5

合格者平均得点 7.7/10

	5	4	3	2	1
誤	制	賛	総	属	真
正	整	参	創	続	深

2×5

合格者平均得点 7.5/10

20	19	18	17	16	15	14	13
干	及	退	移	雄	刺	厚手	気配

合格者平均得点 30.2/40

学習日 月 日

/200

(一) 読み (30) 1×30

1	2	3	4	5	6	7	8	9	10	11	12	13	14	15	16	17
けんごう	ろぼう	みょうあん	らんぶ	かんげん	ていはく	しゅうめい	きゃくほん	だつぼう	かんたく	ぜにん	けいしゃ	こうぼう	いよう	せんれつ	つうしょう	りゅうし

(二) 同音・同訓異字 (30) 2×15

合格者平均得点 27.4/30

1	2	3	4	5	6	7	8	9	10	11	12	13	14	15
ウ 圏	オ 険	イ 遣	ア 響	ウ 驚	イ 況	エ 陣	イ 尋	ア 尽	ウ 負	ア 膚	エ 腐	イ 井	オ 居	ウ 要

(四) 熟語の構成 (20) 2×10

合格者平均得点 15.8/20

1	2	3	4	5	6	7	8	9	10
エ	イ	ア	エ	イ	ウ	ア	オ	エ	ウ

(六) 対義語・類義語 (20) 2×10

合格者平均得点 16.5/20

1	2	3	4	5	6	7	8	9	10
細	満	鎖	油	強	努	務	従	敵	突

(八) 四字熟語 (20) 2×10

合格者平均得点 14.3/20

1	2	3	4	5	6	7	8	9	10
散	文	回	白	材	玉	儀	望	有	倒

(十) 書き取り (40) 2×20

1	2	3	4	5	6	7	8	9	10	11	12
胃腸	範囲	養殖	秘密	終盤	祈願	興奮	下旬	優秀	途中	根拠	恋愛

30	29	28	27	26	25	24	23	22	21	20	19	18
はこづ	よわた	たよ	と	やしき	おく	おそざ	さか	ほこ	いねか	あんみん	たんれい	じゅうい

合格者平均得点 26.7/30

5	4	3	2	1
ク	ウ	コ	エ	カ
腕	惑	弾	濁	境

2×5

合格者平均得点 8.1/10

10	9	8	7	6	5	4	3	2	1
イ	ウ	ア	エ	ウ	ア	イ	ウ	ア	エ
皿	彡	扌	广	門	玄	火	尸	雨	衣

1×10

合格者平均得点 8.4/10

5	4	3	2	1
借りれ	冷まし	鈍い	占う	悩まさ

2×5

合格者平均得点 7.3/10

	5	4	3	2	1
誤	動	逃	非	調	理
正	導	盗	被	重	利

2×5

合格者平均得点 6.9/10

20	19	18	17	16	15	14	13
竹刀	避	訴	髪飾	激	粉	詳	片時

合格者平均得点 30.1/40

学習日 月 日

／200

(一) 読み (30)

1	2	3	4	5	6	7	8	9	10	11	12	13	14	15	16	17
みんよう	じまん	ふくしょく	ぜんせい	らんかん	いぜん	わんぱく	かんだん	たんれい	かんしゅう	こうりょう	ゆうが	しせき	ようし	もうはつ	ついおく	しゅうねん

1×30

(二) 同音・同訓異字 (30)

合格者平均得点 26.4 / 30

1	2	3	4	5	6	7	8	9	10	11	12	13	14	15
イ 逃	ウ 唐	エ 到	オ 保	エ 捕	ア 舗	オ 怖	ウ 賦	イ 浮	ア 備	オ 微	ウ 尾	ウ 冷	オ 覚	エ 咲

2×15

(四) 熟語の構成 (20)

合格者平均得点 15.9 / 20

1	2	3	4	5	6	7	8	9	10
イ	ア	ウ	ア	オ	ウ	エ	イ	ア	エ

2×10

(六) 対義語・類義語 (20)

合格者平均得点 16.0 / 20

1	2	3	4	5	6	7	8	9	10
停	熟	濃	細	陽	務	樹	辺	匹	将

2×10

(八) 四字熟語 (20)

合格者平均得点 13.8 / 20

1	2	3	4	5	6	7	8	9	10
回	雑	興	尽	馬	乱	分	奇	青	根

2×10

(十) 書き取り (40)

1	2	3	4	5	6	7	8	9	10	11	12
環境	真剣	展示	余震	離婚	盆	皮膚	遅刻	儀式	指導	三拍子	宣告

2×20

30	29	28	27	26	25	24	23	22	21	20	19	18
か	はぶ	とまど	つ	め	さら	いそが	めす	おか	あまとう	りょうほう	らいう	ぞうふく

合格者平均得点 26.7/30

(三) 漢字識別 (10) 2×5

5	4	3	2	1
コ 釈	ア 鑑	イ 率	キ 倒	エ 惨

合格者平均得点 8.8/10

(五) 部首 (10) 1×10

10	9	8	7	6	5	4	3	2	1
エ 口	ウ 隶	イ 鬼	ア 艹	ウ 殳	エ 土	イ 行	ア 目	イ 卩	エ 王

合格者平均得点 8.2/10

(七) 漢字と送りがな (10) 2×5

5	4	3	2	1
汚い	拝も	割れる	枯らさ	預ける

合格者平均得点 7.2/10

(九) 誤字訂正 (10) 2×5

	5	4	3	2	1
誤	私	査	院	健	異
正	支	差	員	建	違

合格者平均得点 7.4/10

20	19	18	17	16	15	14	13
管	水浸	手探	占	乾	群	源	欲張

合格者平均得点 30.5/40

学習日　月　日

／200

(一) 読み (30) 1×30

1	2	3	4	5	6	7	8	9	10	11	12	13	14	15	16	17
とうとつ	かつやく	わんしょう	きょうさく	えいよ	くりょ	ほうがん	かんそう	いこう	ごてん	うちょうてん	さいげつ	そっせん	けいかい	しもん	まんしん	あんもく

(二) 同音・同訓異字 (30) 2×15

合格者平均得点 26.1/30

1	2	3	4	5	6	7	8	9	10	11	12	13	14	15
ア 嘆	エ 担	ウ 端	オ 隠	ア 陰	イ 印	ウ 帽	ア 坊	イ 肪	オ 腐	イ 賦	エ 普	イ 込	ウ 肥	オ 越

(四) 熟語の構成 (20) 2×10

合格者平均得点 16.7/20

1	2	3	4	5	6	7	8	9	10
ウ	イ	ウ	オ	ア	イ	エ	ウ	ア	エ

(六) 対義語・類義語 (20) 2×10

合格者平均得点 16.3/20

1	2	3	4	5	6	7	8	9	10
留	夫	詳	設	給	善	剣	頭	閉	理

(八) 四字熟語 (20) 2×10

合格者平均得点 15.9/20

1	2	3	4	5	6	7	8	9	10
柔	温	退	返	用	材	異	状	開	沈

(十) 書き取り (40) 2×20

1	2	3	4	5	6	7	8	9	10	11	12
混雑	範囲	濃霧	反撃	巨大	玄関	偉人	微生物	創立	停泊	薬剤	抵抗

18	19	20	21	22	23	24	25	26	27	28	29	30
きしゅう	くじょ	らいう	ほんごし	ふる	けむ	つ	こわ	ふち	ほこ	おと	さわ	つゆ

合格者平均得点 27.3/30

(三) 漢字識別 (10) 2×5

1	2	3	4	5
ケ 盤	オ 為	イ 忙	コ 傍	ク 援

合格者平均得点 8.9/10

(五) 部首 (10) 1×10

1	2	3	4	5	6	7	8	9	10
ウ 尸	ウ 隹	エ 歹	イ 辶	ア 穴	イ 夂	ウ 亻	エ 大	ア 戈	エ 日

合格者平均得点 8.4/10

(七) 漢字と送りがな (10) 2×5

1	2	3	4	5
授かっ	逃れ	刻む	傾ける	悩ましい

合格者平均得点 7.7/10

(九) 誤字訂正 (10) 2×5

	1	2	3	4	5
誤	要	映	刷	及	境
正	容	影	察	丘	況

合格者平均得点 7.4/10

13	14	15	16	17	18	19	20
勢	情	注	節目	肩幅	甘	述	景色

合格者平均得点 31.9/40

学習日 月 日

/200

(一) 読み (30) 1×30

1	2	3	4	5	6	7	8	9	10	11	12	13	14	15	16	17
まんさい	きんきょう	はんい	ゆうが	りゅうし	しんしょく	どんてん	はんも	とうかい	きょうしゅく	びさい	ほんもう	びちく	めいわく	ひふ	たんせい	いげん

(二) 同音・同訓異字 (30) 2×15

合格者平均得点 27.1/30

1	2	3	4	5	6	7	8	9	10	11	12	13	14	15
イ 柔	オ 獣	ア 縦	エ 隷	ア 礼	イ 麗	ウ 触	オ 殖	ア 飾	エ 堤	ウ 低	オ 抵	ウ 沿	エ 添	ア 反

(四) 熟語の構成 (20) 2×10

合格者平均得点 16.3/20

1	2	3	4	5	6	7	8	9	10
ウ	エ	ア	ウ	イ	ウ	オ	イ	エ	ア

(六) 対義語・類義語 (20) 2×10

合格者平均得点 16.0/20

1	2	3	4	5	6	7	8	9	10
参	臨	和	戒	相	努	腕	豪	念	輸

(八) 四字熟語 (20) 2×10

合格者平均得点 13.9/20

1	2	3	4	5	6	7	8	9	10
温	眠	闘	非	異	落	玉	腹	剣	談

(十) 書き取り (40) 2×20

1	2	3	4	5	6	7	8	9	10	11	12
頭痛	薄情	熱狂	罰金	黙読	鮮度	更衣	連絡	濃霧	支援	夢中	普通

合格者平均得点 26.6／30

30	29	28	27	26	25	24	23	22	21	20	19	18
かたむ	かどで	けむ	さず	あみど	かげ	ほこ	ふ	めぐ	なげ	じゅし	せいふく	ばくはつ

合格者平均得点 9.1／10

5	4	3	2	1
キ 紋	カ 拍	コ 鋭	ウ 戯	エ 避

2×5

合格者平均得点 7.9／10

10	9	8	7	6	5	4	3	2	1
ウ 舟	エ 疒	ア ⺮	エ 衣	イ 釆	イ 冂	ウ 几	イ 行	ウ 皿	ア 穴

1×10

合格者平均得点 7.4／10

5	4	3	2	1
確かめる	抜かし	駆ける	叫ん	激しい

2×5

合格者平均得点 7.0／10

5	4	3	2	1	
保	居	他	計	官	誤
補	拠	多	景	管	正

2×5

学習日 月 日

／200

合格者平均得点 30.2／40

20	19	18	17	16	15	14	13
贈	悩	里芋	絹	弱音	放	輪切	裏手

(一) 読み (30)

1	2	3	4	5	6	7	8	9	10	11	12	13	14	15	16	17
しゅうれい	せいえん	たいしん	せんく	こうまん	もくげき	ひさん	がんゆう	しきさい	いじん	きはく	びりょく	じょばん	てんじょう	ひなん	かびん	らくらい

1×30

(二) 同音・同訓異字 (30)

1	2	3	4	5	6	7	8	9	10	11	12	13	14	15
エ	ウ	オ	ウ	オ	イ	ア	エ	イ	ウ	オ	イ	イ	ア	エ
箇	菓	暇	倒	盗	唐	皆	介	壊	僧	燥	創	吹	殖	振

2×15

合格者平均得点 27.3 / 30

(四) 熟語の構成 (20)

1	2	3	4	5	6	7	8	9	10
エ	ウ	イ	オ	ア	エ	ア	ウ	イ	ア

2×10

合格者平均得点 15.3 / 20

(六) 対義語・類義語 (20)

1	2	3	4	5	6	7	8	9	10
冷	盟	閉	清	却	従	絡	案	警	弁

2×10

合格者平均得点 15.6 / 20

(八) 四字熟語 (20)

1	2	3	4	5	6	7	8	9	10
得	馬	奇	堅	欲	団	雲	亡	異	城

2×10

合格者平均得点 14.1 / 20

(十) 書き取り (40)

1	2	3	4	5	6	7	8	9	10	11	12
朱	混雑	香水	治療	監禁	交互	巨体	爆弾	満杯	上旬	連動	円陣

2×20

18	19	20	21	22	23	24	25	26	27	28	29	30
ぶよう	いせい	けいせき	のきさき	かみかざ	つ	ではら	さわ	しずく	せば	ふち	まめつぶ	ひより

合格者平均得点 26.3／30

1	2	3	4	5
ク 狂	ア 望	オ 迎	ケ 黙	イ 及

2×5

合格者平均得点 8.6／10

1	2	3	4	5	6	7	8	9	10
イ 氵	ア 見	ウ 戸	エ 止	ア 立	イ 刂	エ 行	ウ 心	ア 士	イ 頁

1×10

合格者平均得点 7.9／10

1	2	3	4	5
恥じる	失っ	告げる	争う	詳しく

2×5

合格者平均得点 8.0／10

	1	2	3	4	5
誤	細	署	集	速	与
正	採	暑	収	測	予

2×5

合格者平均得点 7.6／10

13	14	15	16	17	18	19	20
一匹	沖	刷	珍	抜	物陰	除	世渡

合格者平均得点 29.8／40

学習日　月　日

／200

4級 試験問題 12 標準解答【本冊60～63ページ】

(一) 読み (30) 1×30

1	2	3	4	5	6	7	8	9	10	11	12	13	14	15	16	17
しんちょう	ていはく	せいじゃく	きばつ	みゃくらく	しと	はもん	ちょうば	けんじ	しゅにく	かいご	こうはい	はんも	あくしゅ	ようえき	ほうがん	かんるい

(二) 同音・同訓異字 (30) 2×15

1	2	3	4	5	6	7	8	9	10	11	12	13	14	15
オ 彼	ア 否	エ 疲	イ 尽	ウ 陣	ア 尋	オ 倒	エ 稲	イ 桃	イ 依	ウ 威	オ 緯	エ 荒	イ 在	ウ 挙

(四) 熟語の構成 (20) 2×10

1	2	3	4	5	6	7	8	9	10
エ	イ	ア	ウ	エ	オ	ウ	ア	エ	イ

(六) 対義語・類義語 (20) 2×10

1	2	3	4	5	6	7	8	9	10
鳴	易	固	継	到	模	準	測	弁	誉

(八) 四字熟語 (20) 2×10

1	2	3	4	5	6	7	8	9	10
旧	得	路	舞	危	専	状	雷	夫	息

(十) 書き取り (40) 2×20

1	2	3	4	5	6	7	8	9	10	11	12
砂丘	上旬	比較	沈黙	色彩	清潔	弾圧	起床	綿密	相互	死守	信頼

18	19	20	21	22	23	24	25	26	27	28	29	30
すんか	らんかん	めいわく	たたか	ふ	きり	あつか	さ	に	くさ	かげ	にぶ	しばふ

1	2	3	4	5
ク 及	オ 端	イ 網	ウ 業	キ 離

2×5

1	2	3	4	5	6	7	8	9	10
エ 耂	ウ 貝	エ 尸	ア 戈	イ 日	エ 皿	イ 走	ウ ⻗	ア 糸	イ 見

1×10

1	2	3	4	5
刺さる	軽やかに	与える	敬わ	覚める

2×5

	1	2	3	4	5
誤	全	位	辺	集	付
正	善	囲	片	衆	負

2×5

13	14	15	16	17	18	19	20
俵	峠	汚	裁	忙	沼	抱	群

学習日 月 日

／200

(一) 読み (30) 1×30

1	こじ
2	かんげん
3	きはく
4	もくそう
5	ふうし
6	ていそ
7	けいそつ
8	ふきゅう
9	しょうさん
10	やくざい
11	はいしゅつ
12	じょばん
13	もうい
14	かじょう
15	ごくひ
16	ぎょうてん
17	いこう

(二) 同音・同訓異字 (30) 2×15

1	エ 盗
2	イ 倒
3	オ 踏
4	ウ 況
5	エ 凶
6	ア 驚
7	ウ 搬
8	ア 販
9	イ 繁
10	イ 堅
11	オ 兼
12	エ 軒
13	ウ 溶
14	オ 捕
15	イ 執

(四) 熟語の構成 (20) 2×10

1	イ
2	ウ
3	ア
4	エ
5	イ
6	ア
7	エ
8	ウ
9	オ
10	エ

(六) 対義語・類義語 (20) 2×10

1	従
2	給
3	設
4	床
5	眠
6	類
7	追
8	介
9	念
10	覚

(八) 四字熟語 (20) 2×10

1	散
2	温
3	尽
4	路
5	句
6	転
7	有
8	更
9	面
10	文

(十) 書き取り (40) 2×20

1	動機
2	絶妙
3	騒音
4	惑星
5	優秀
6	感涙
7	敬遠
8	根拠
9	売却
10	増殖
11	禁物
12	早速

18	19	20	21	22	23	24	25	26	27	28	29	30
せんこう	くのう	はんきょう	つつし	ほ	みちばた	うかが	えら	ほこ	ひた	あやま	かわ	こ

1	2	3	4	5
オ 豪	ク 陰	コ 趣	イ 鮮	キ 徴

2×5

1	2	3	4	5	6	7	8	9	10
ウ 疋	ア 攵	イ 目	ウ 穴	ア 羽	エ 木	イ 辶	イ 手	エ 厂	ウ 戈

1×10

1	2	3	4	5
輝く	安らかな	冷まし	借りる	含め

2×5

	1	2	3	4	5
誤	認	障	当	取	服
正	任	傷	登	種	福

2×5

13	14	15	16	17	18	19	20
肩車	汗	押	断	海辺	払	志	奥歯

学習日　月　日

／200

(一) 読み (30)

1	2	3	4	5	6	7	8	9	10	11	12	13	14	15	16	17
こうよう	いんぼう	ひょうはく	かんとう	しっく	ぞうすい	りょうし	じょうまん	けつぼう	こうそく	けいちょう	そうぎ	こんたん	しゅくえん	しんびがん	なっとう	きょうぐう

1×30

(二) 同音・同訓異字 (30)

合格者平均得点 27.5 / 30

1	2	3	4	5	6	7	8	9	10	11	12	13	14	15
ウ	エ	イ	オ	イ	エ	オ	ア	ウ	エ	イ	ア	オ	イ	ア
択	託	卓	範	畔	帆	斗	塗	吐	鎮	陳	賃	埋	請	討

2×15

(四) 熟語の構成 (20)

合格者平均得点 15.4 / 20

1	2	3	4	5	6	7	8	9	10
イ	ウ	エ	イ	ウ	ア	ウ	オ	エ	ア

2×10

(六) 対義語・類義語 (20)

合格者平均得点 15.0 / 20

1	2	3	4	5	6	7	8	9	10
虚	略	濃	都	待	横	余	遺	危	邪

2×10

(八) 四字熟語 (20)

合格者平均得点 14.0 / 20

1	2	3	4	5	6	7	8	9	10
前人	驚天	四分	公私	明朗	自在	集散	激励	両得	無双

2×10

(十) 書き取り (40)

1	2	3	4	5	6	7	8	9	10	11	12
欧米	浸水	幼稚	窒息	盗難	疑惑	模倣	帝王	日没	終了	繁華街	架空

2×20

18	19	20	21	22	23	24	25	26	27	28	29	30
ようしゃ	ふずい	きろ	うら	した	ほ	いこ	おど	あさせ	またぎ	よ	きわ	たび

合格者平均得点 27.4/30

1	2	3	4	5
ウ 偶	ケ 慈	キ 舗	イ 伏	ク 貫

2×5

合格者平均得点 8.4/10

1	2	3	4	5	6	7	8	9	10
ア カ	イ 行	ウ 目	ア 立	イ 彡	エ 扌	ウ 耂	ウ 八	エ 木	イ 戸

1×10

合格者平均得点 8.2/10

1	2	3	4	5
輝かしい	妨げる	逆らっ	潤す	結わえ

2×5

合格者平均得点 6.1/10

	1	2	3	4	5
誤	健	軒	般	助	制
正	建	件	版	序	整

2×5

合格者平均得点 7.2/10

13	14	15	16	17	18	19	20
手探	崩	擦	輪切	描	誠	揺	最寄

合格者平均得点 30.3/40

学習日 月 日

/200

● 4級受検者の年齢層別割合（2019～2021年度）

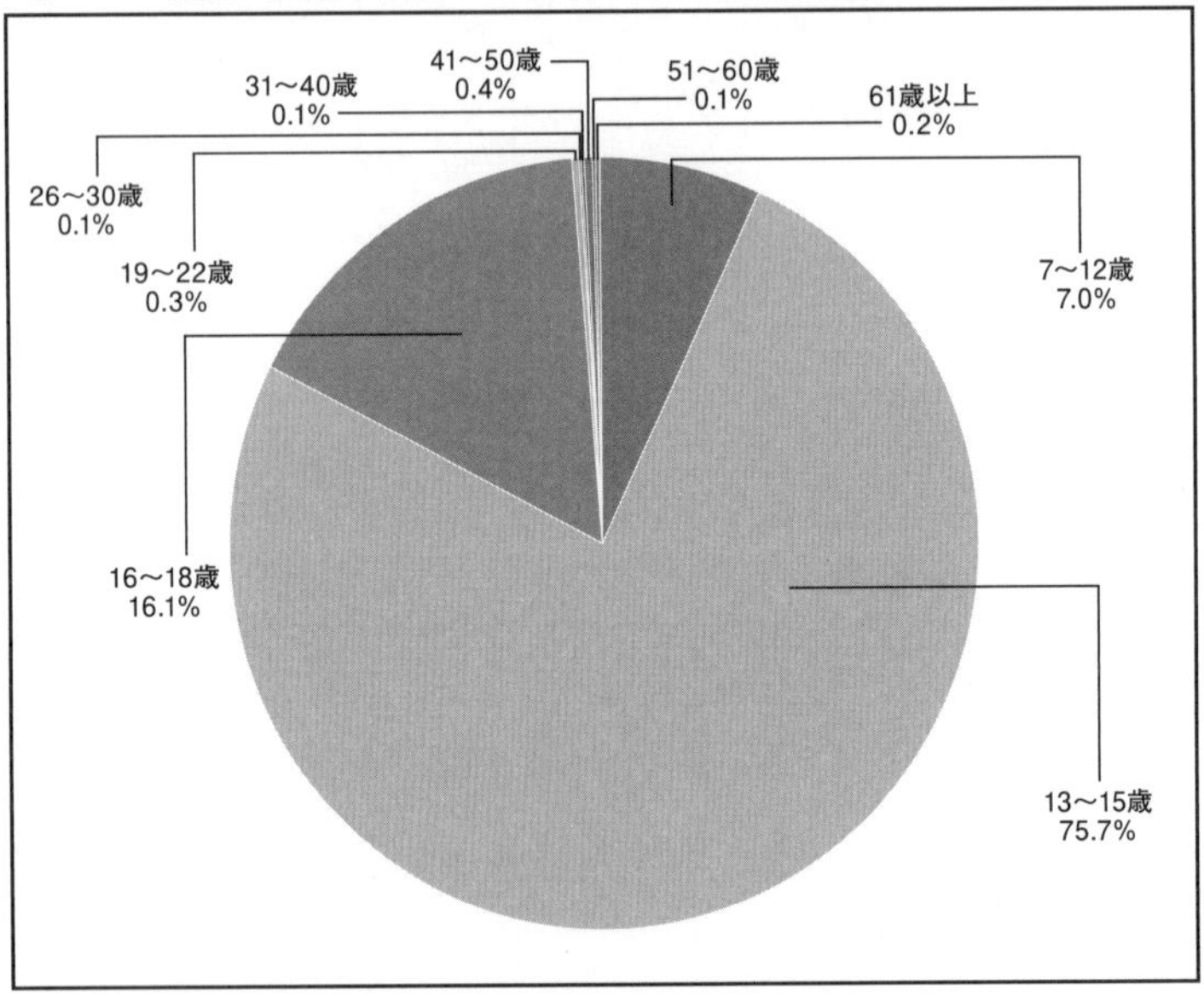

● 4級の設問項目別正答率（試験問題 9）

※（一）読み、（二）同音・同訓異字などの設問項目名は、標準解答のものと対応しています。
※枠内《わくない》の数値（%）は、左側が受検者全体、右側が合格者の正答率です。

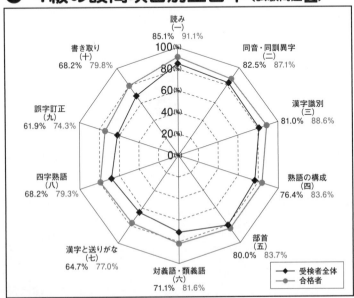